Meerjungfrau
Malbuch

für Jugendliche

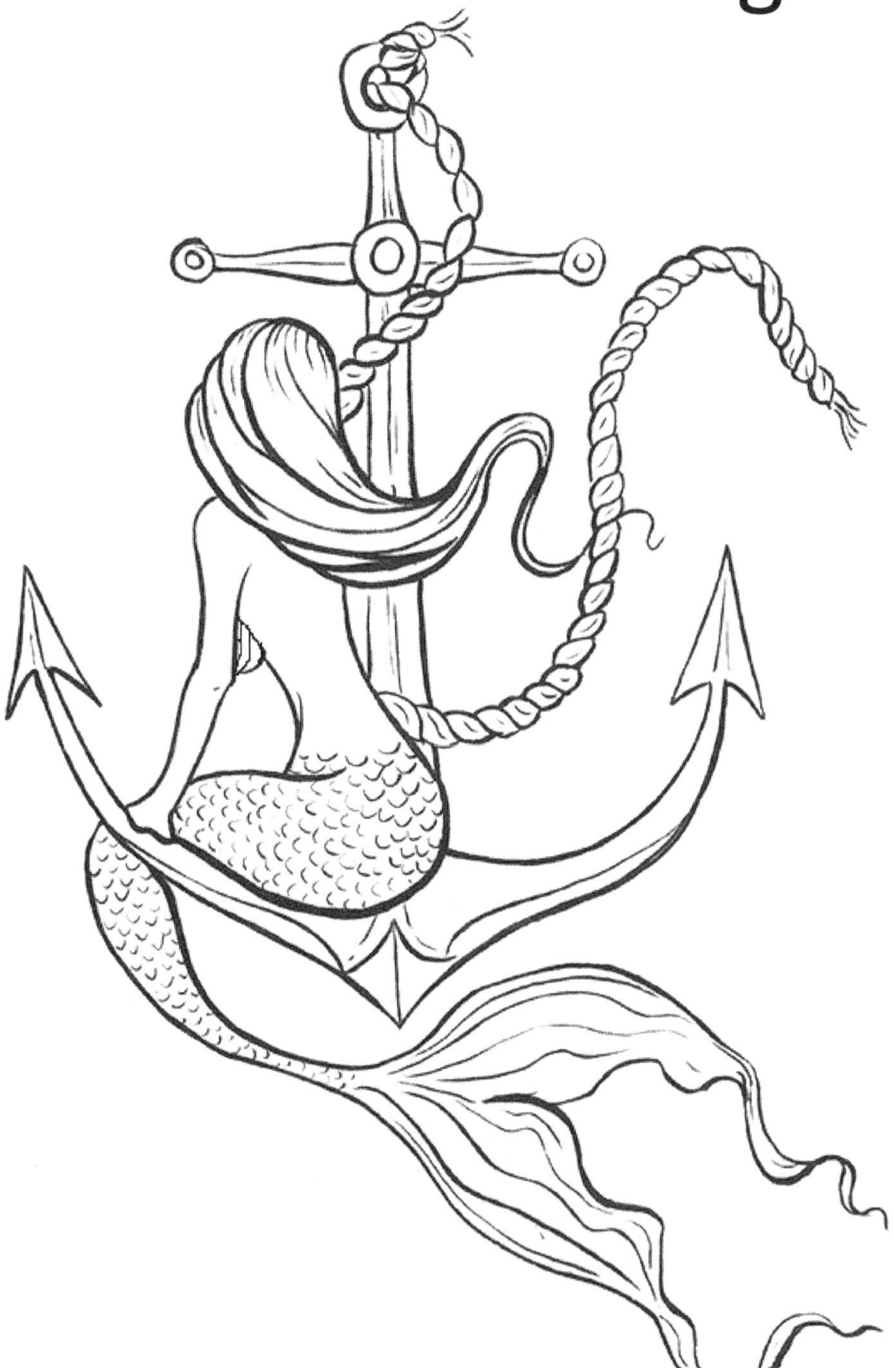

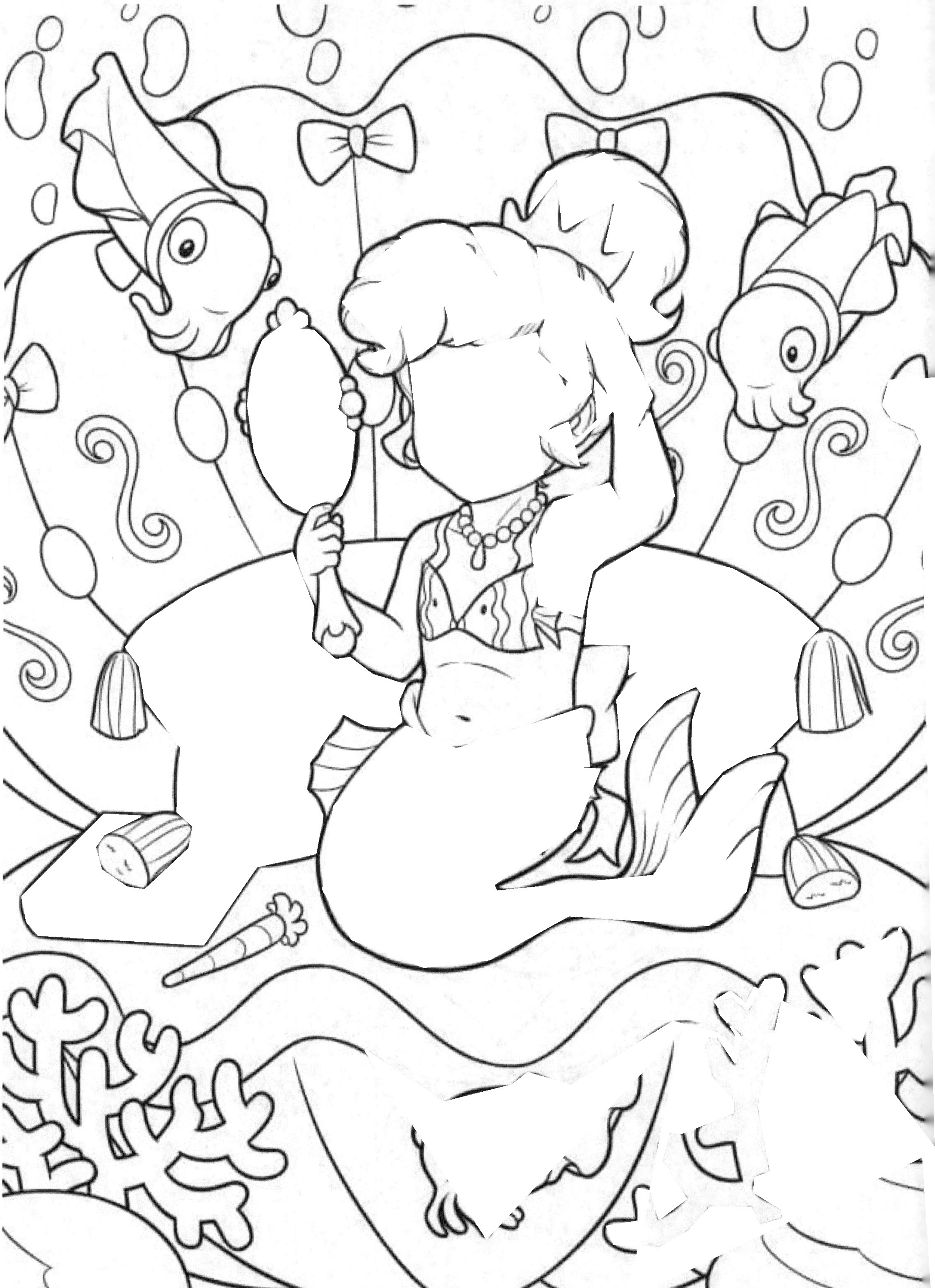

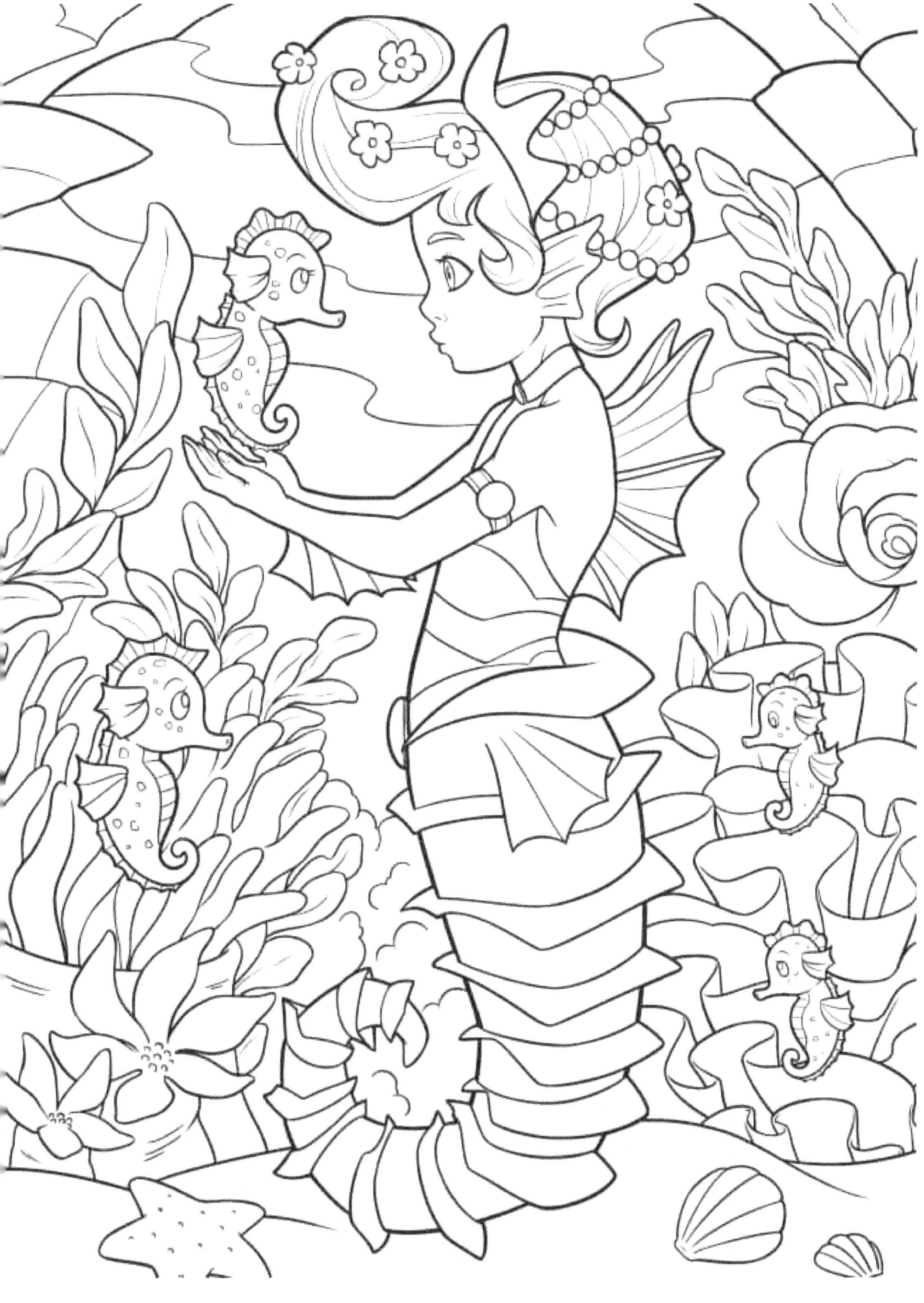

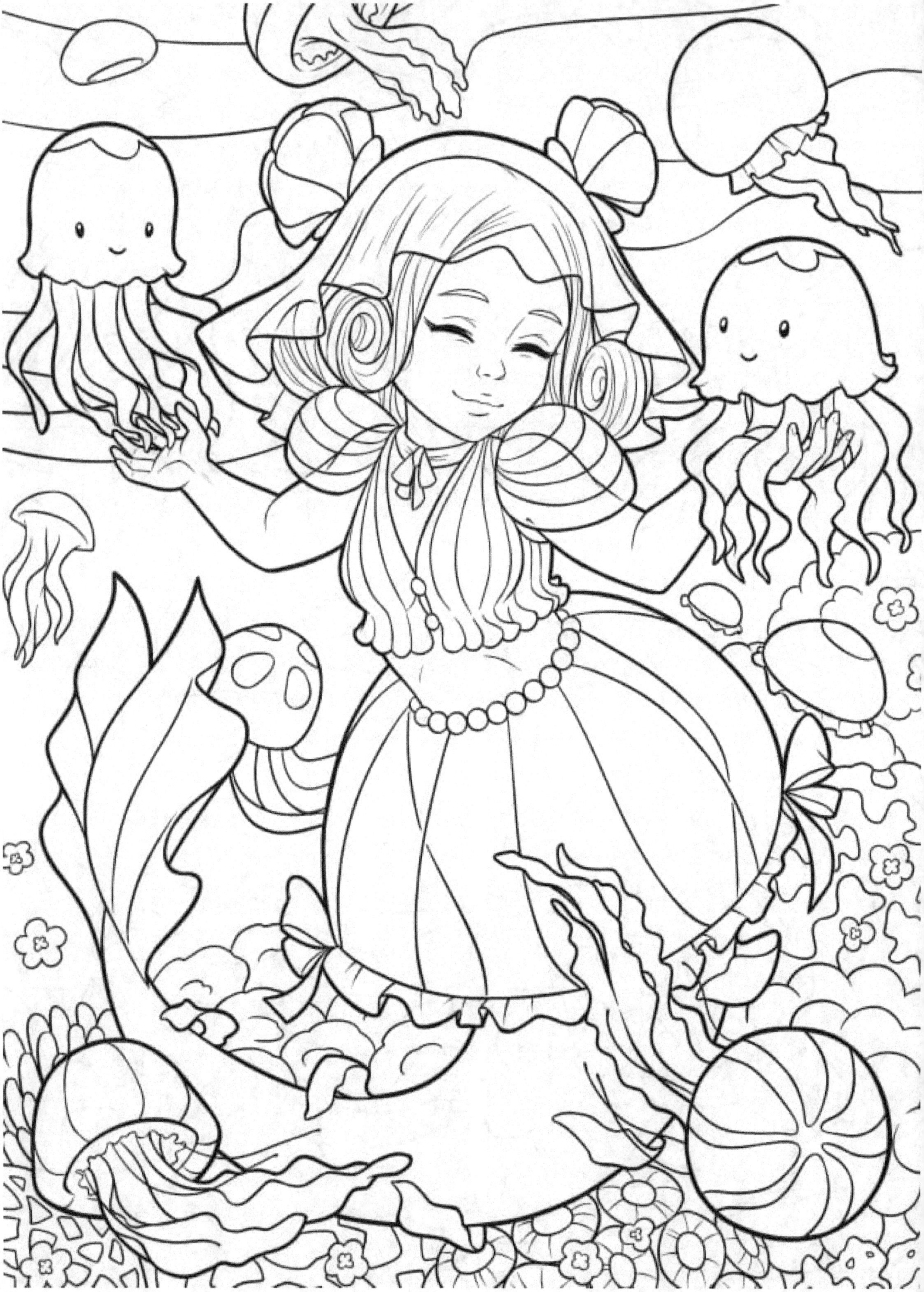

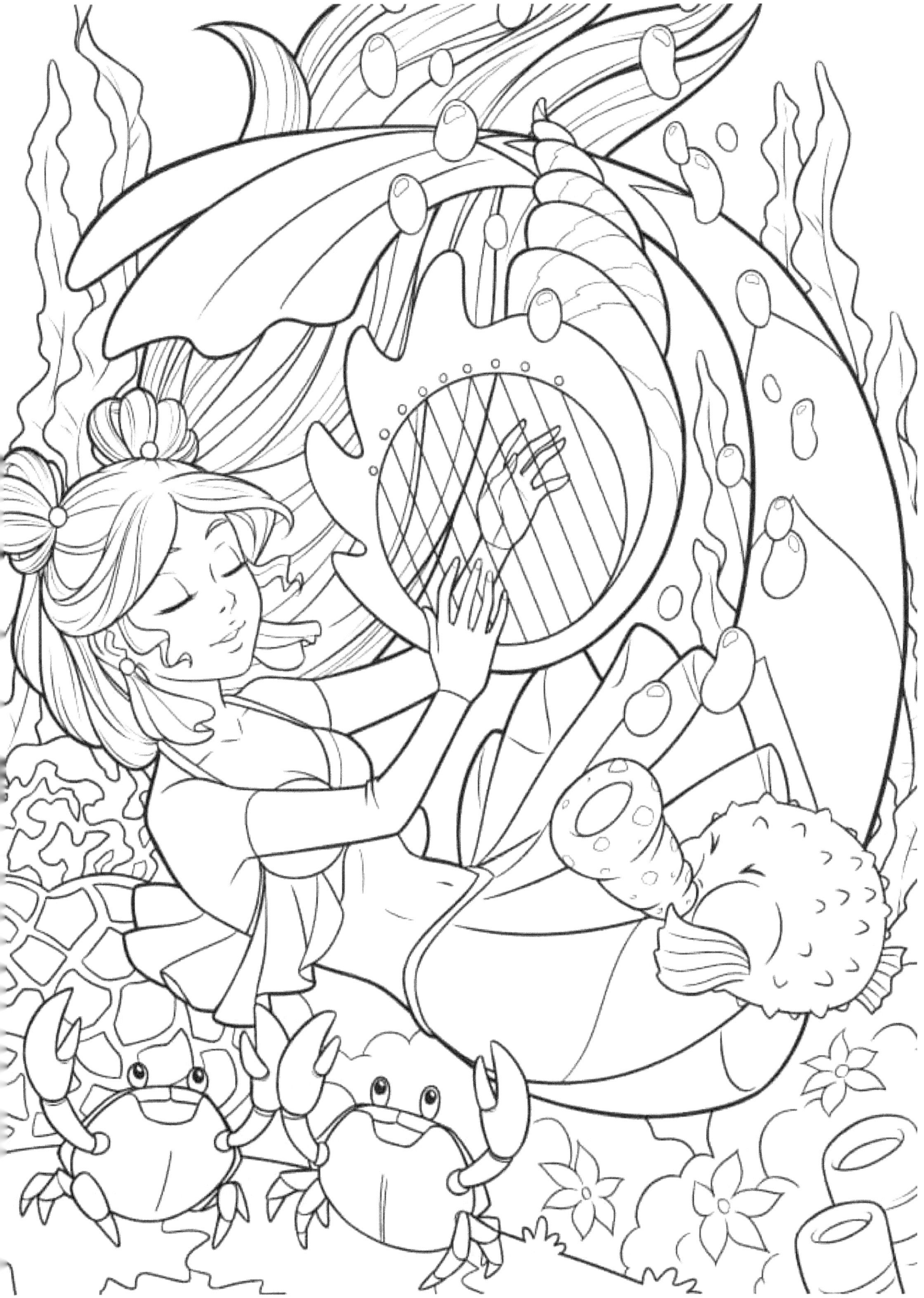

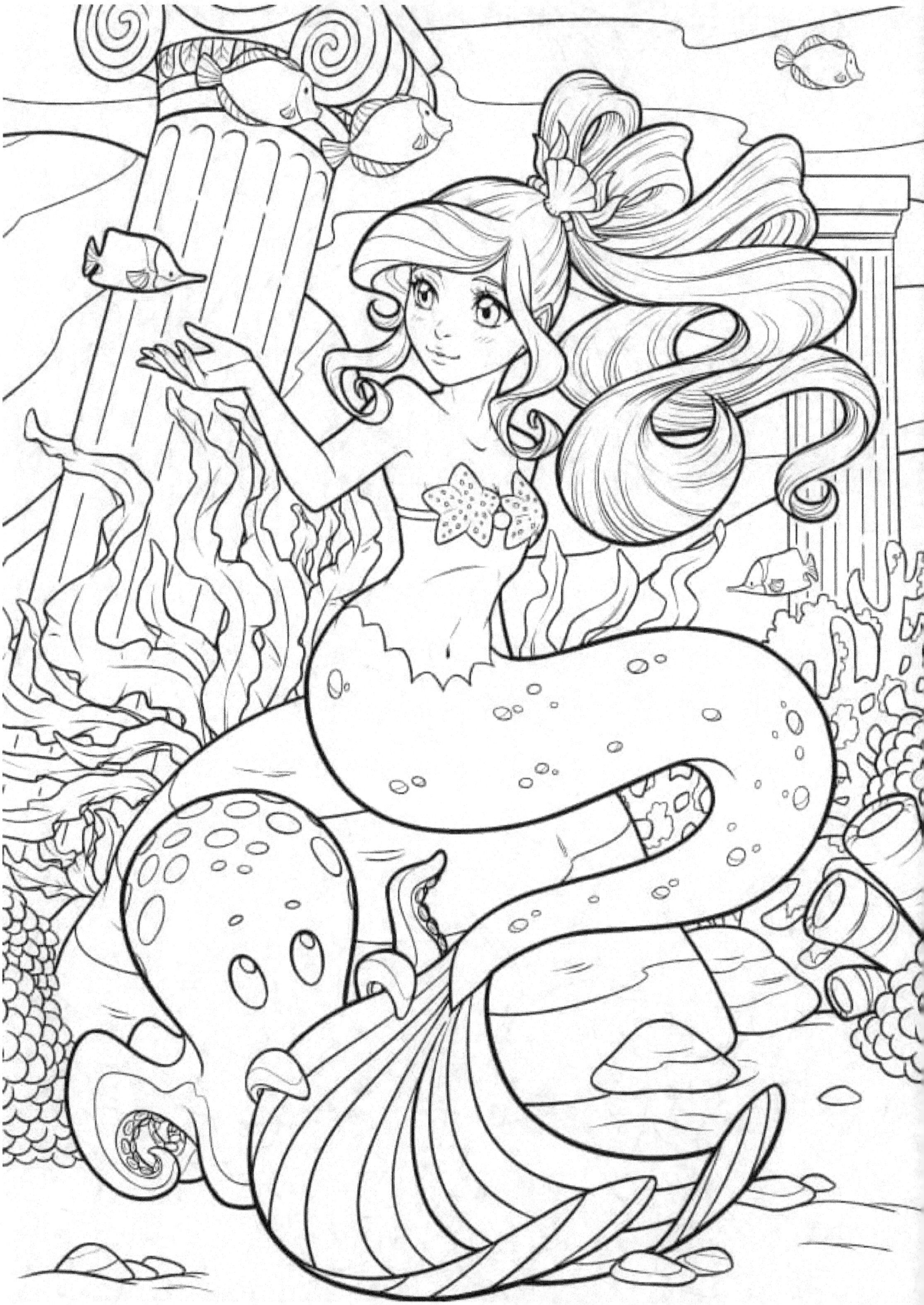

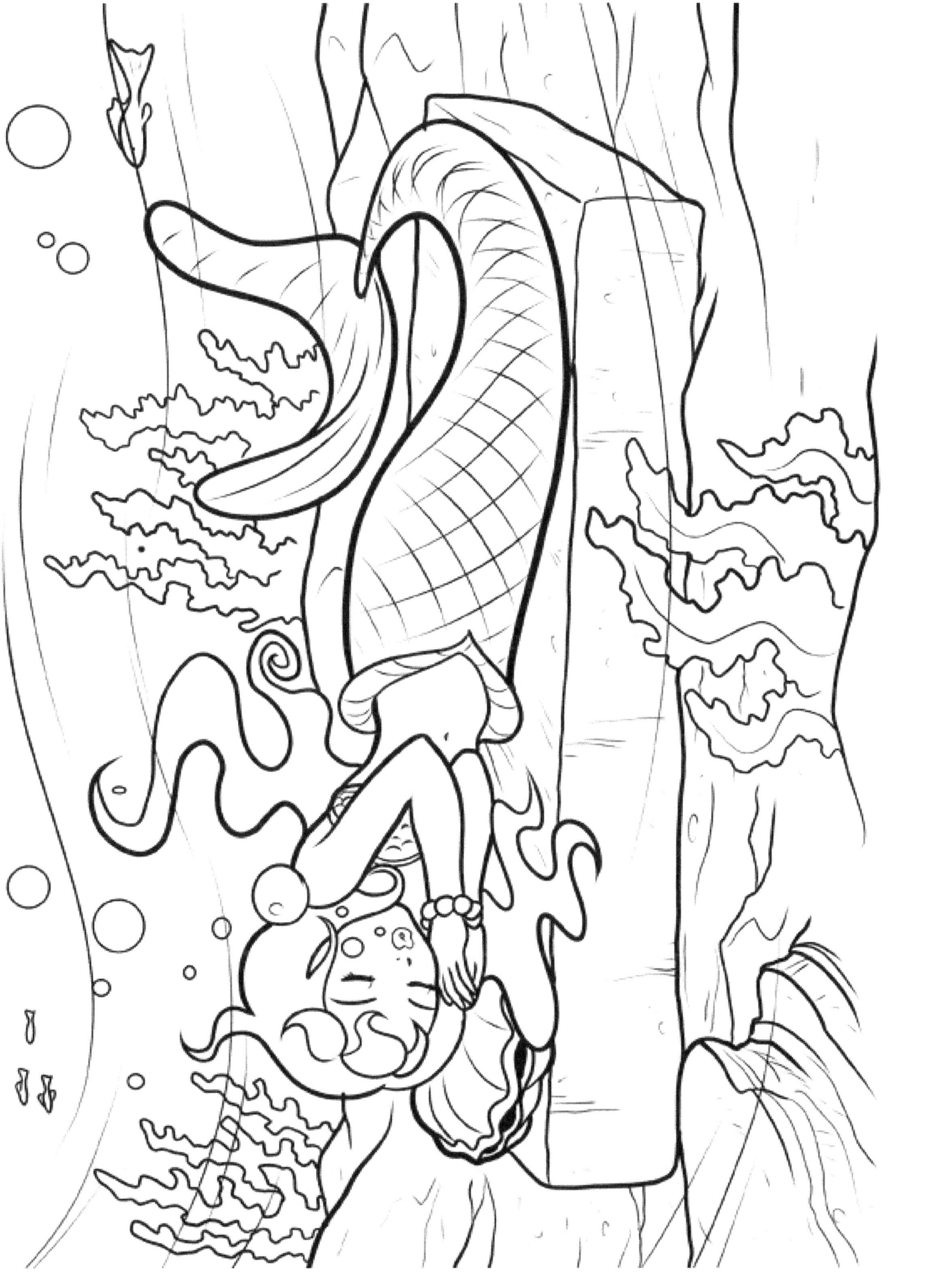

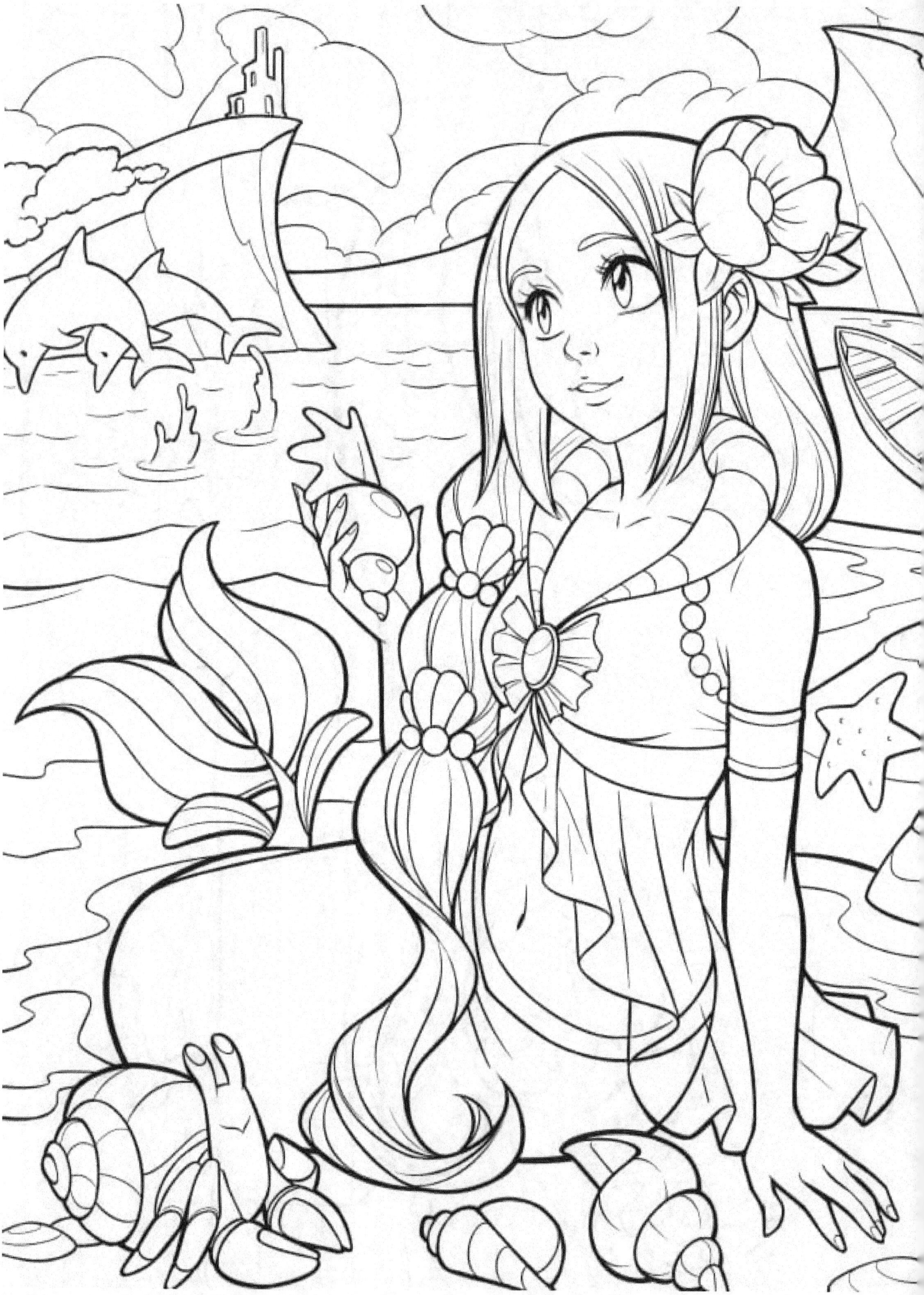

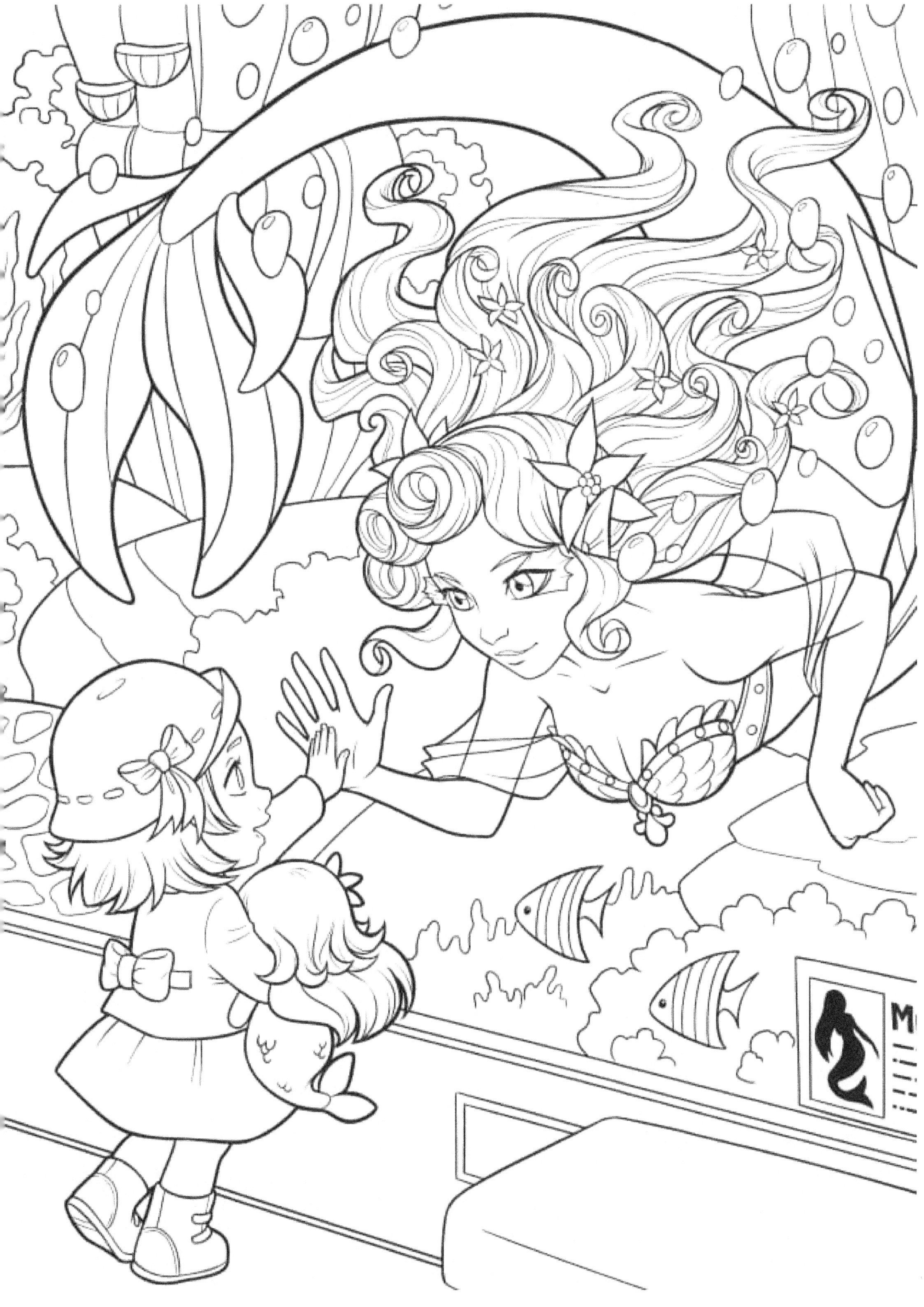

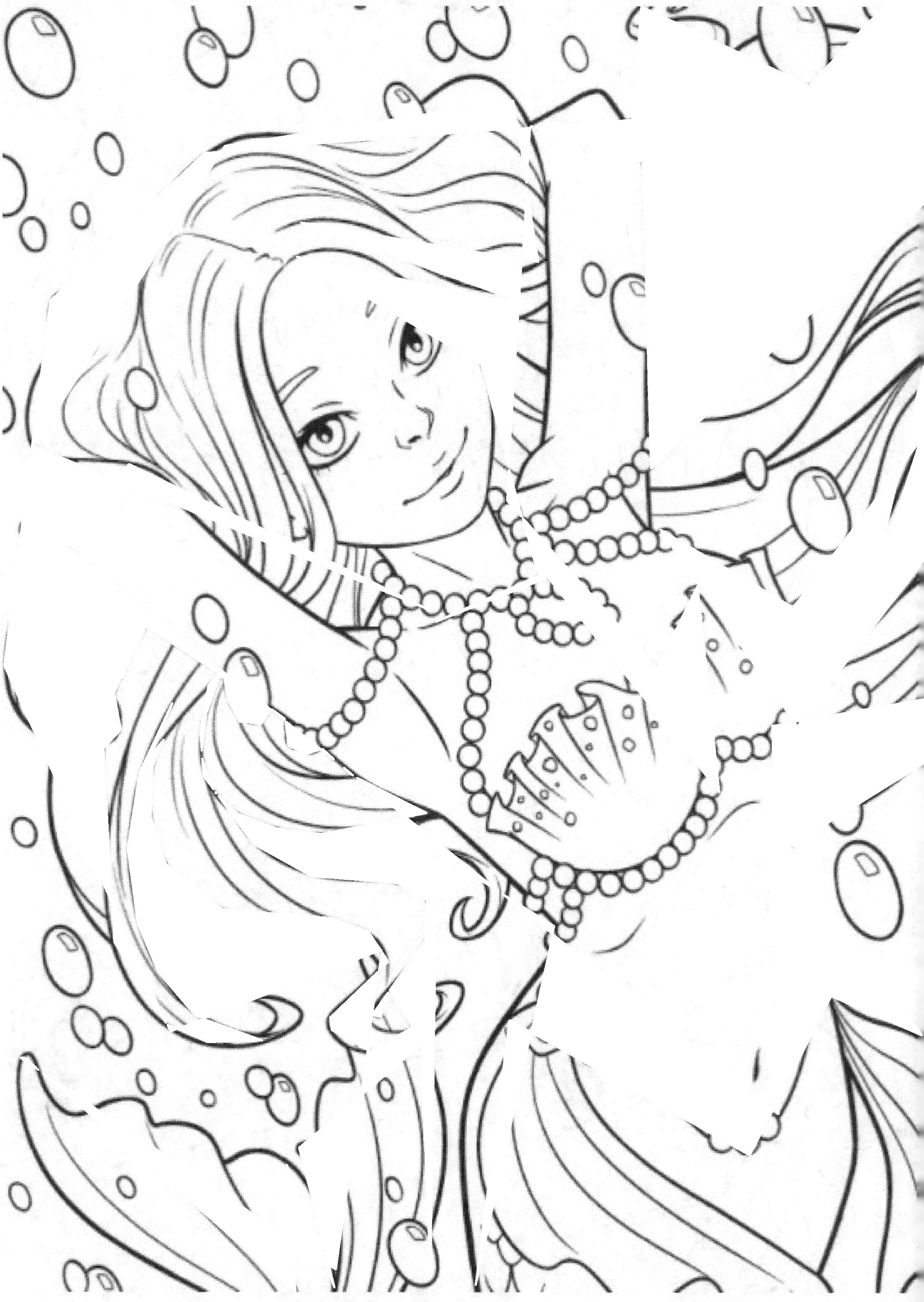

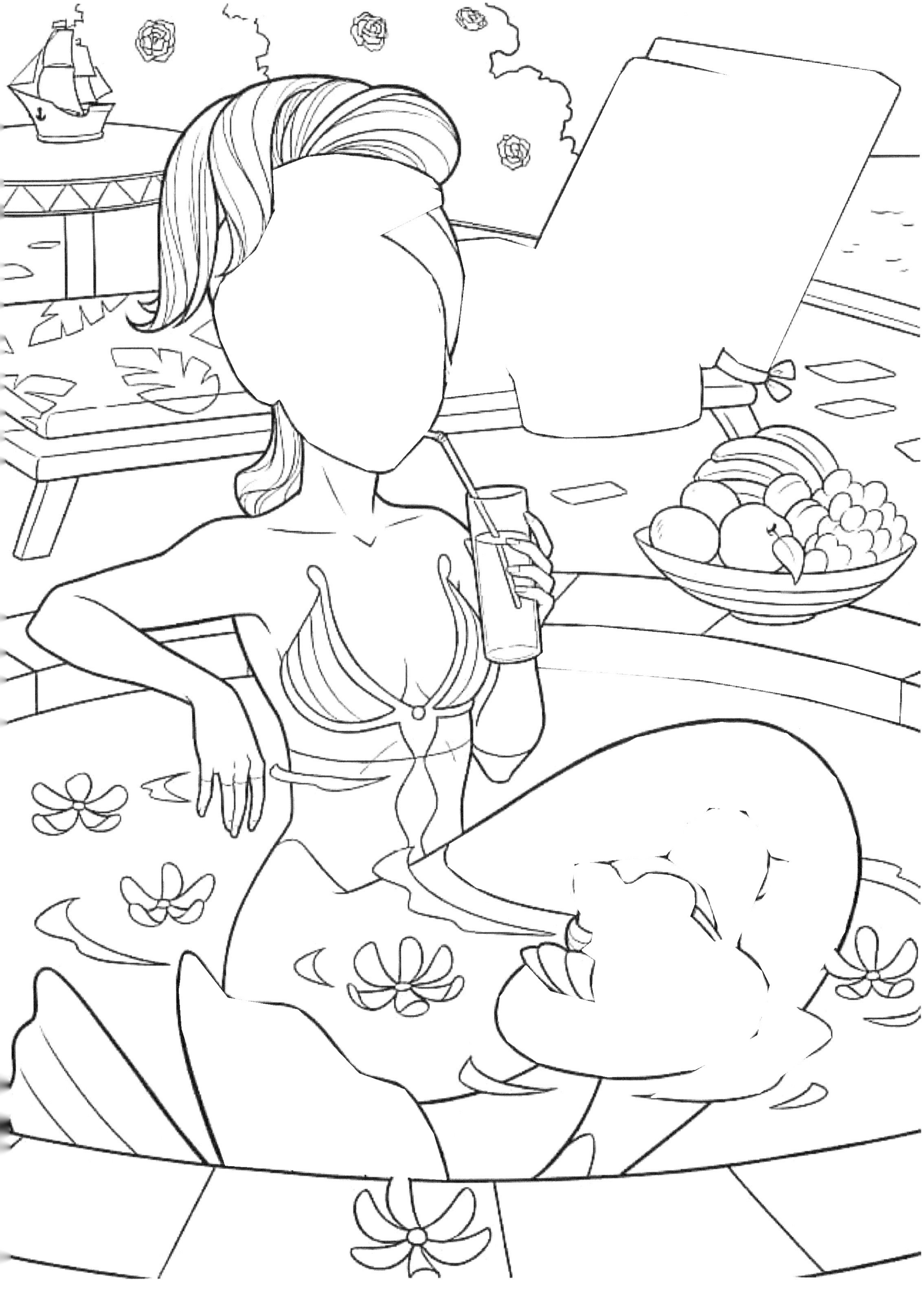

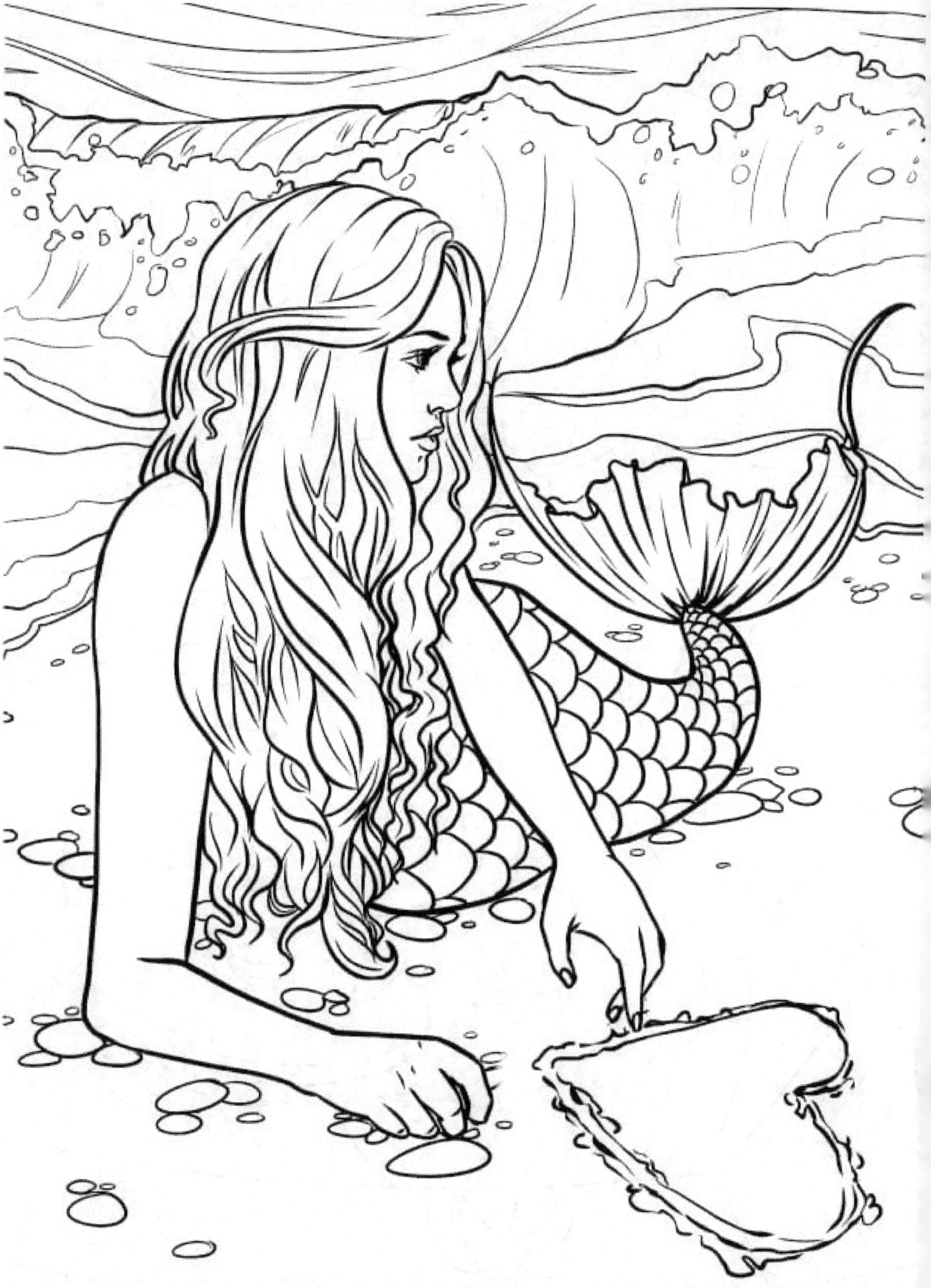

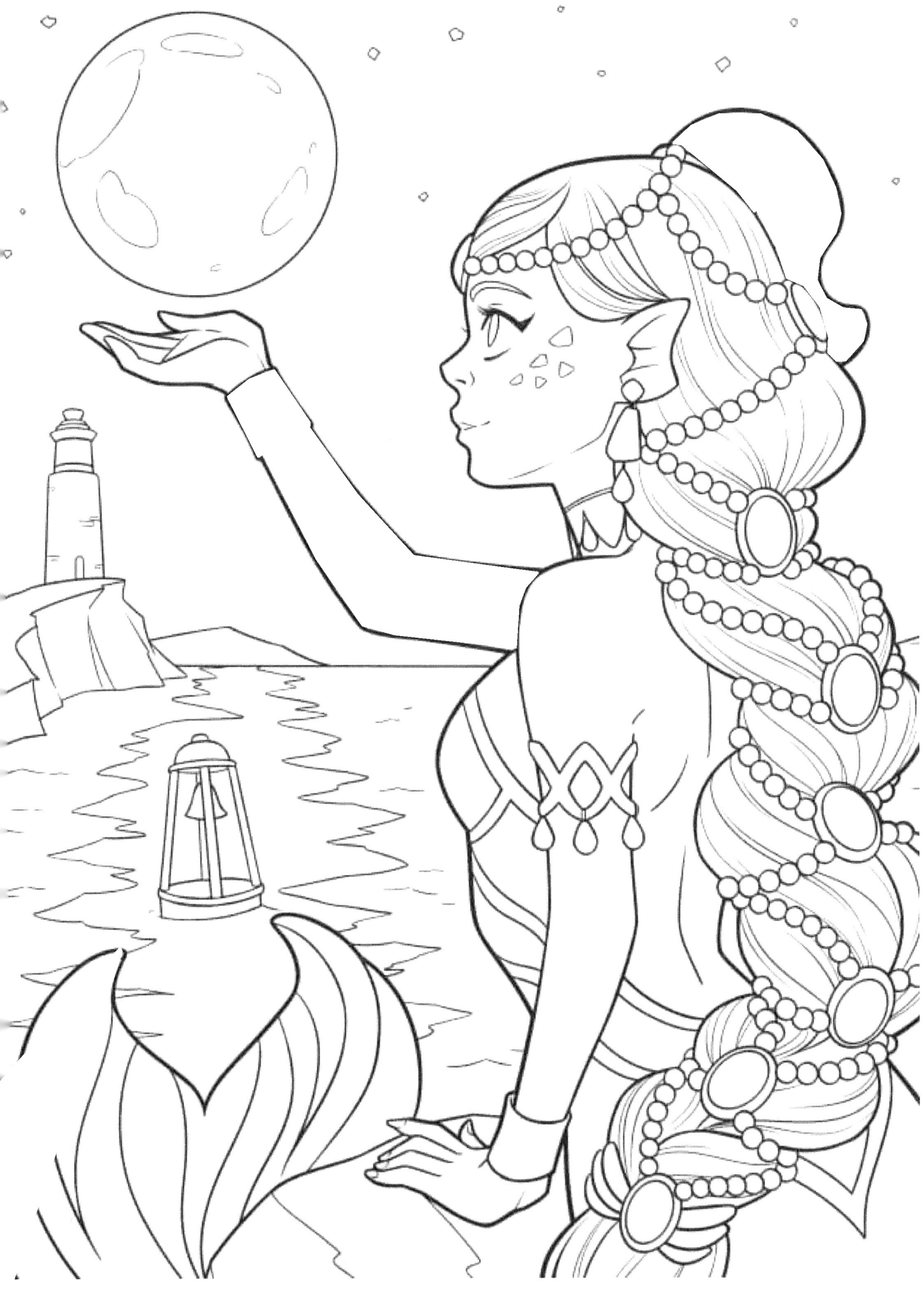

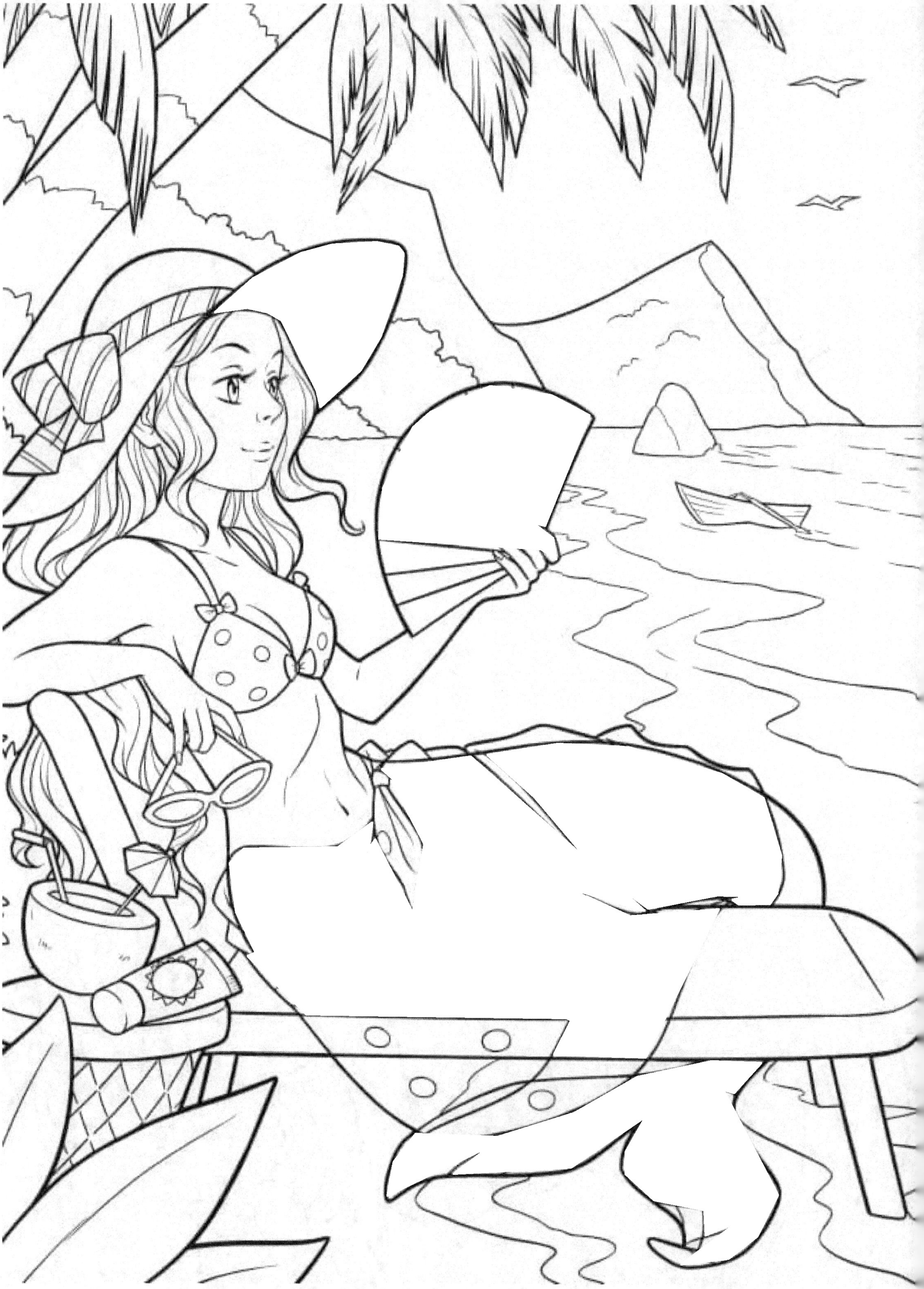

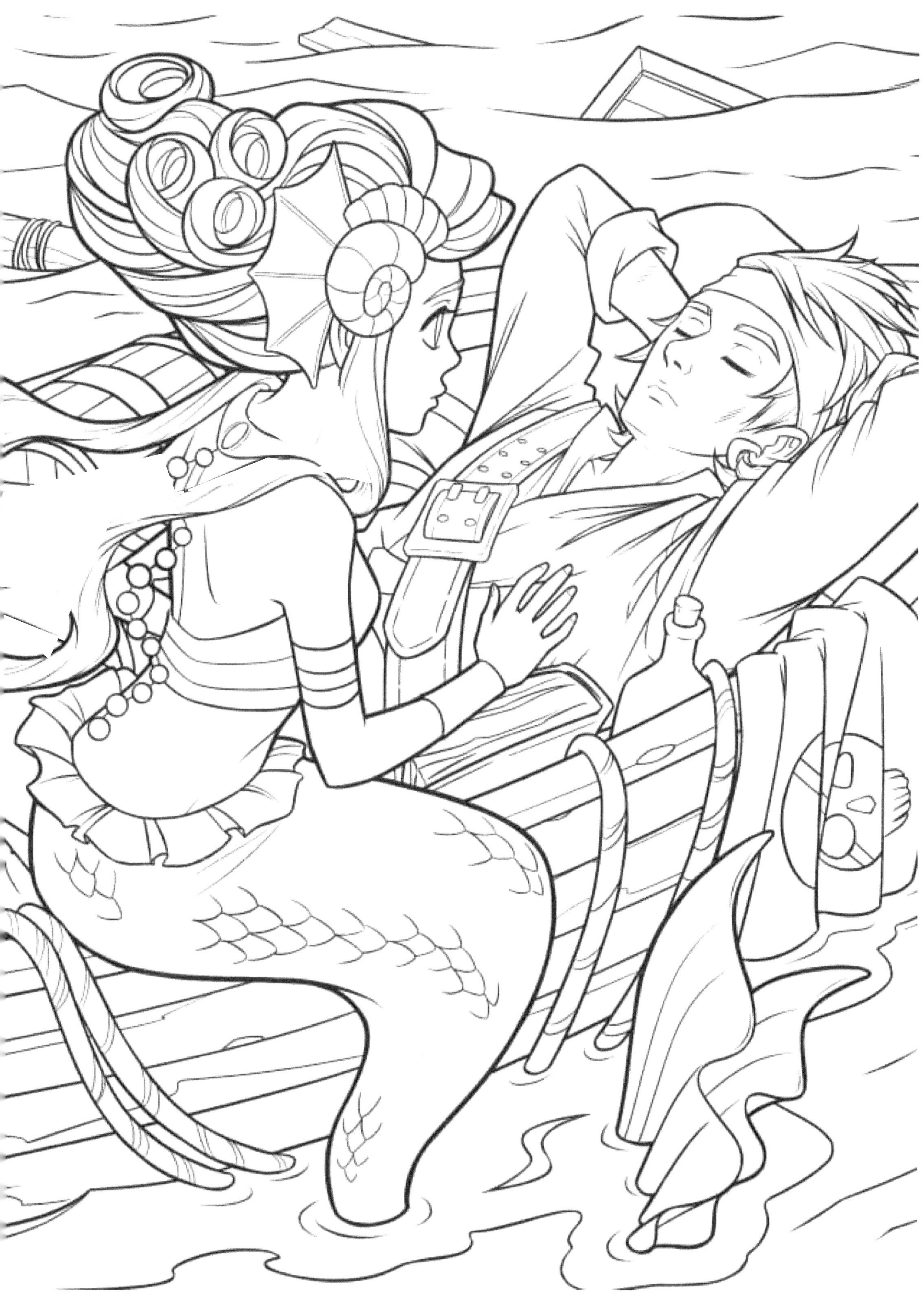

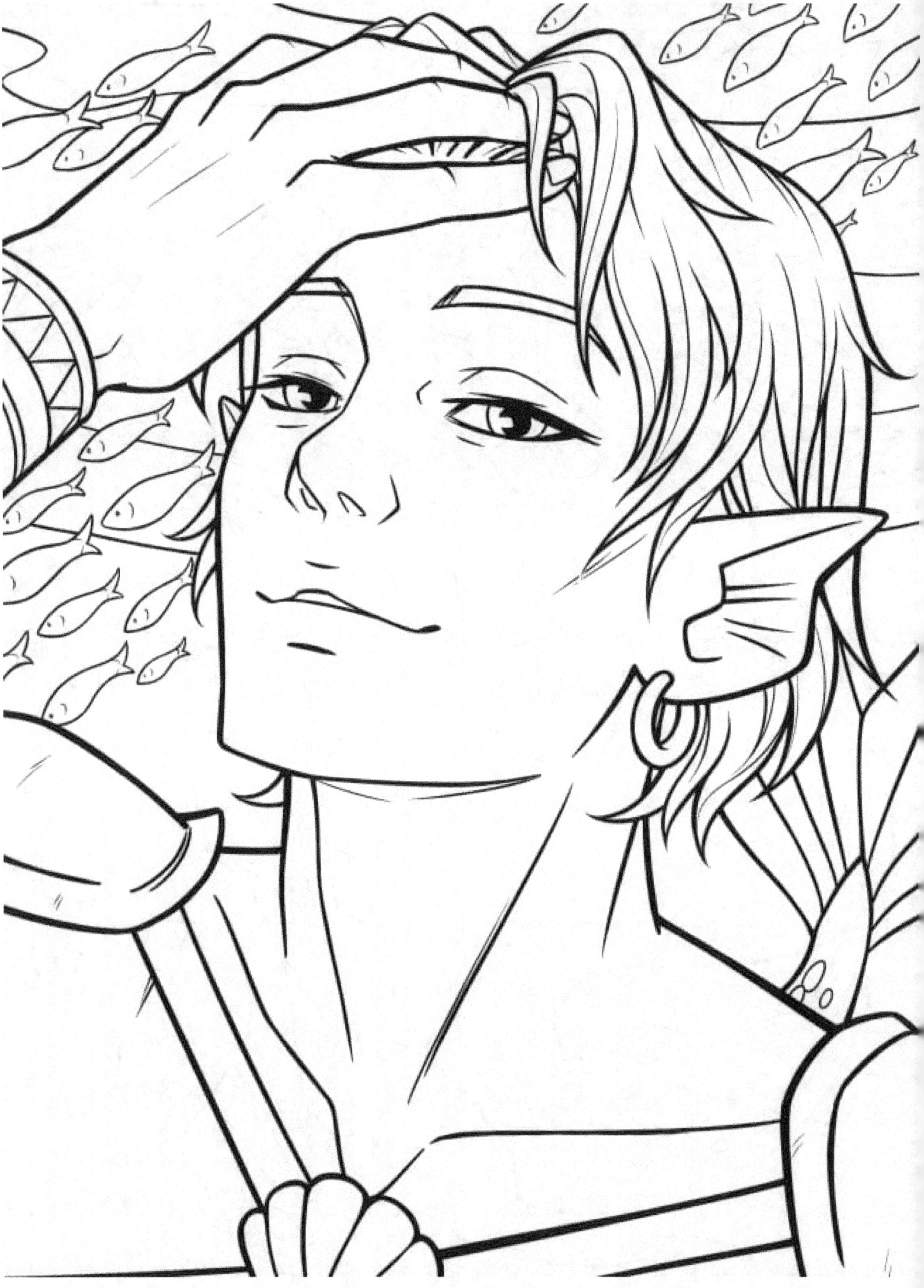

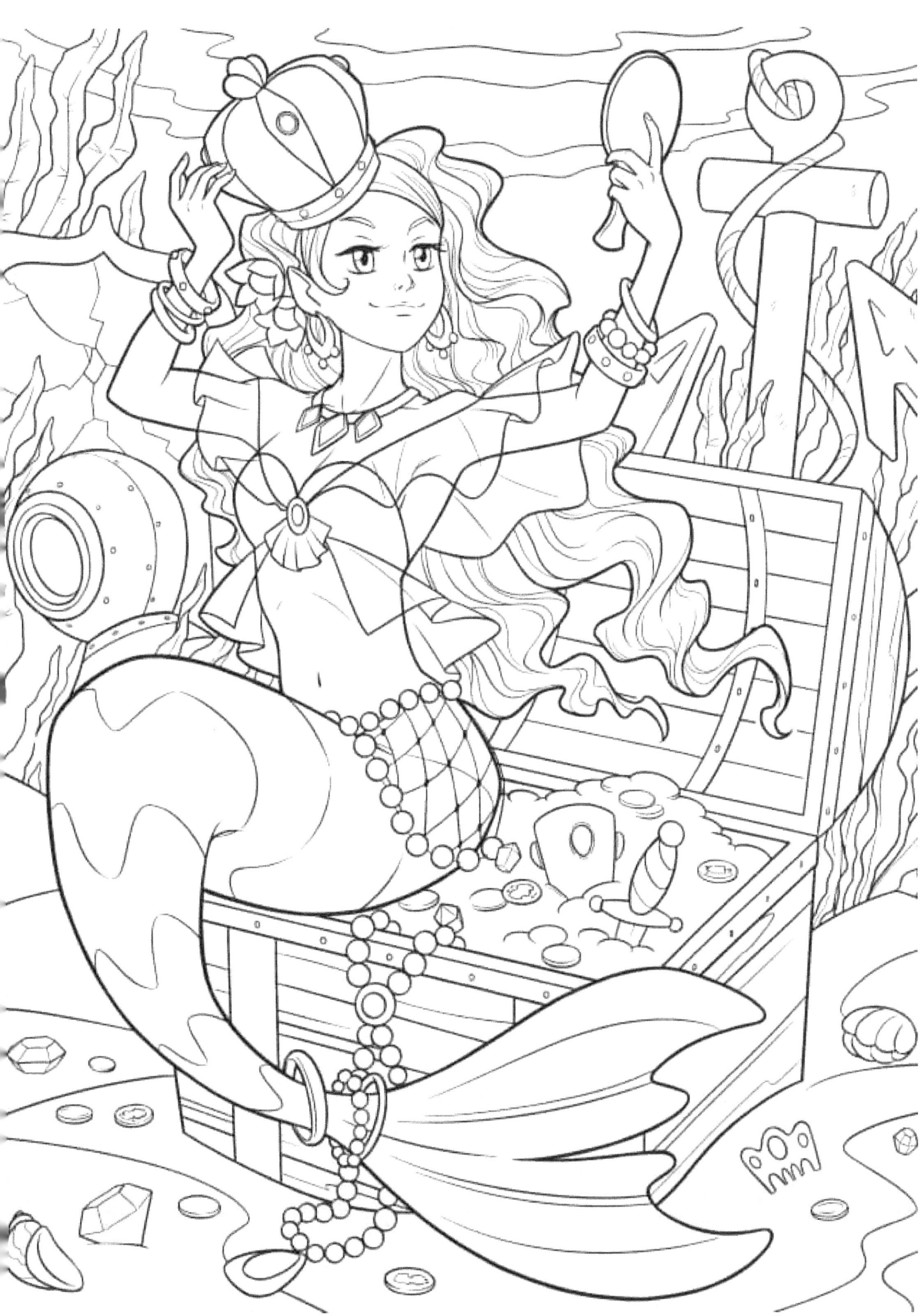

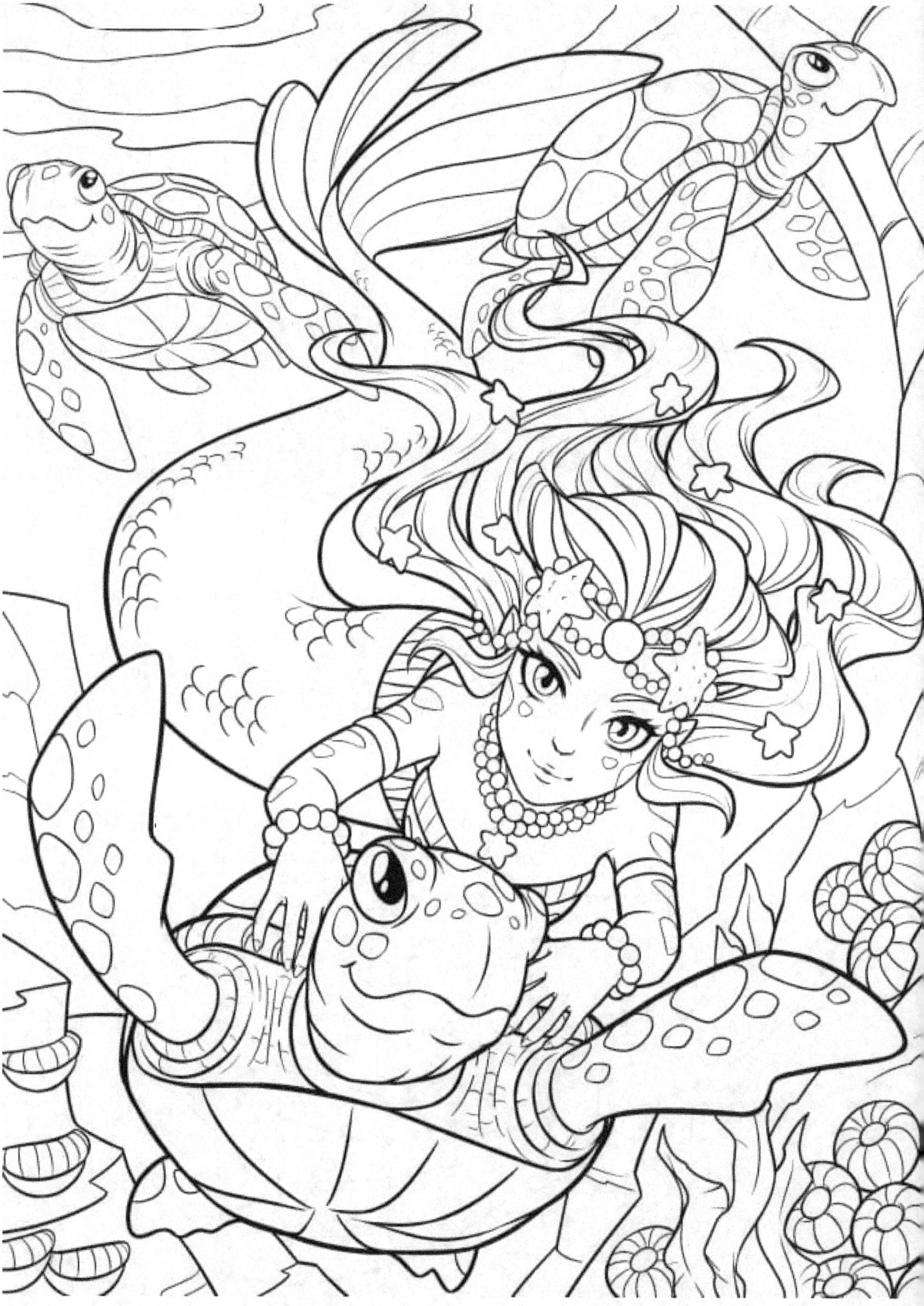

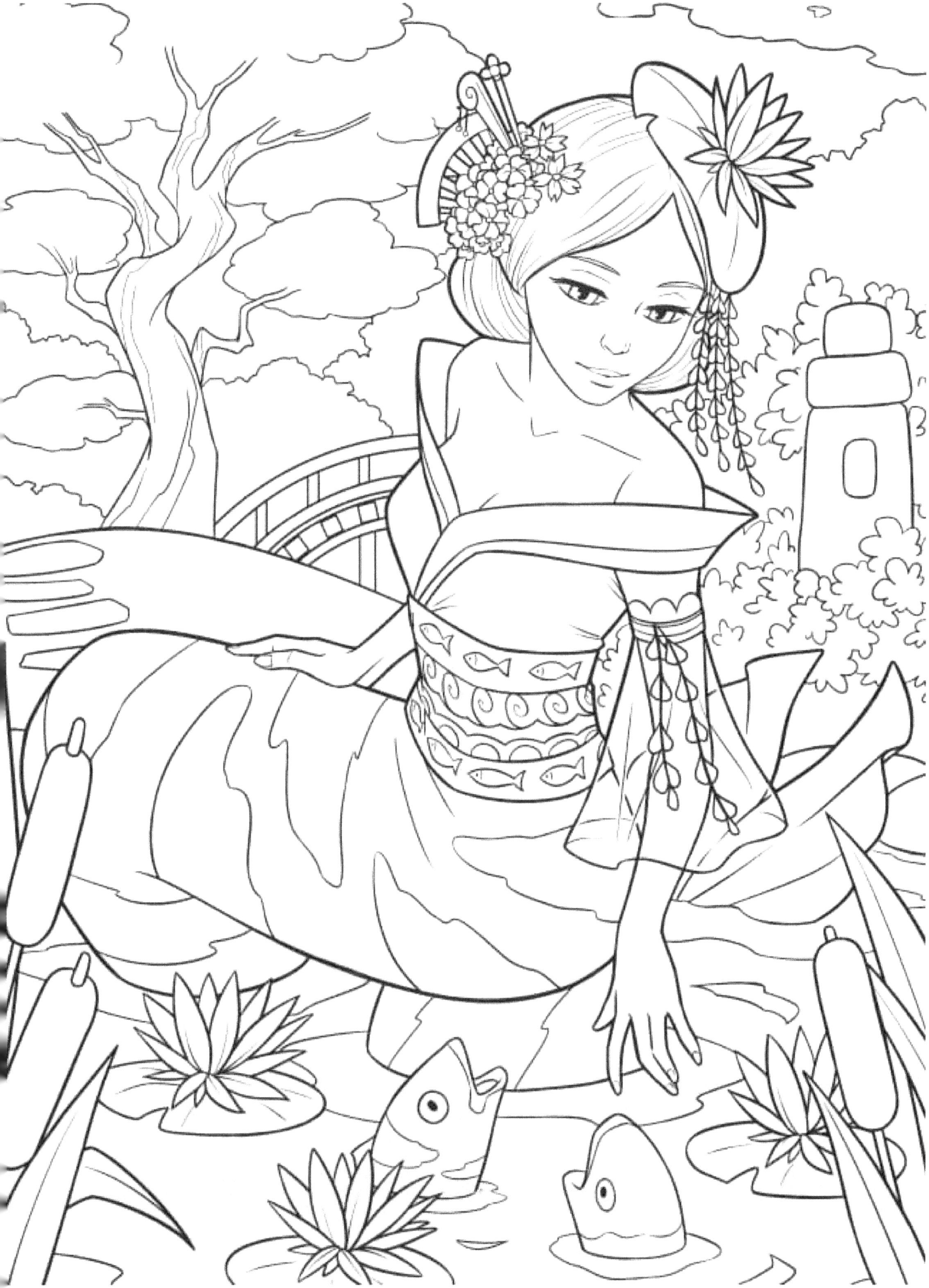

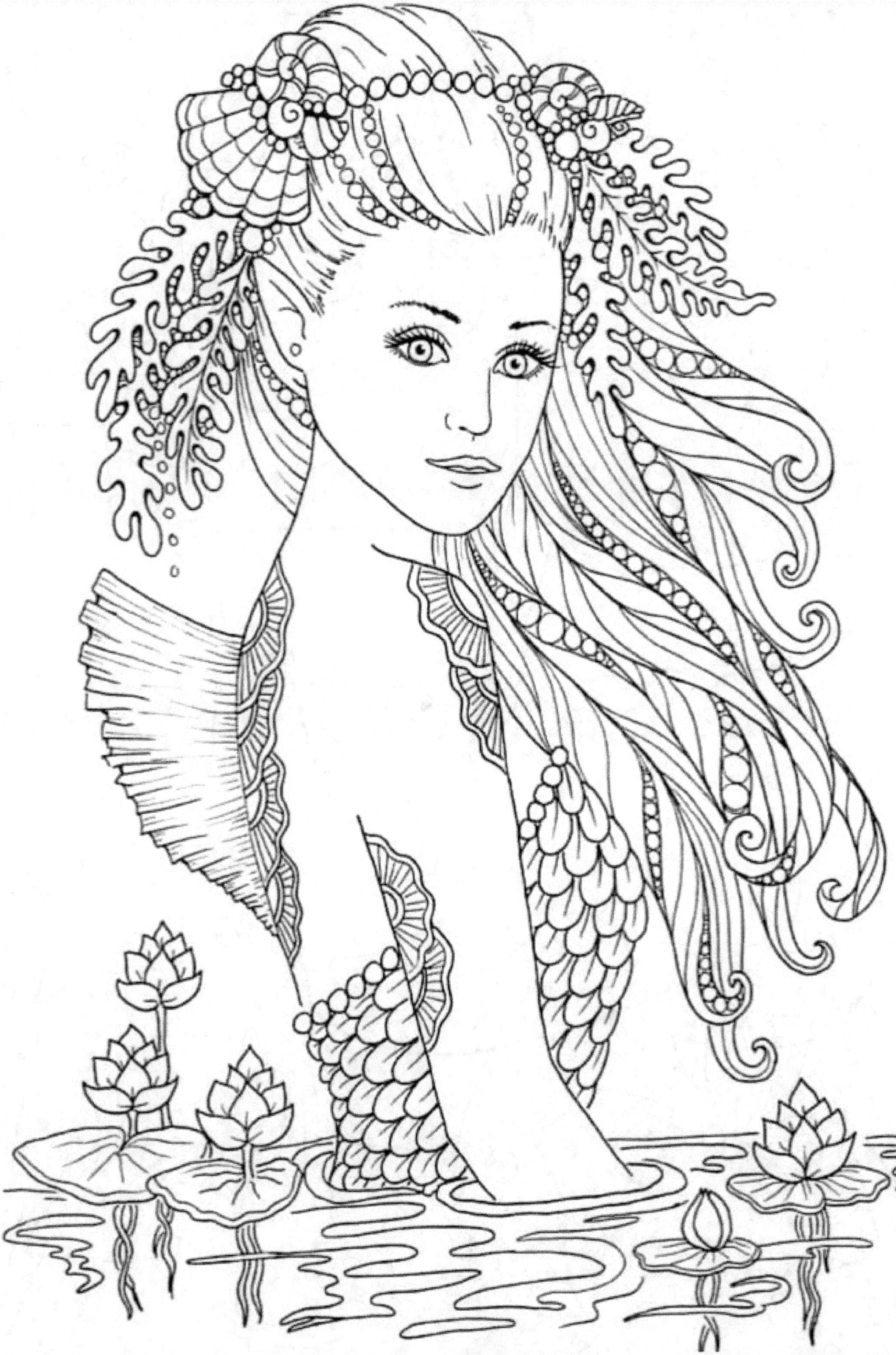

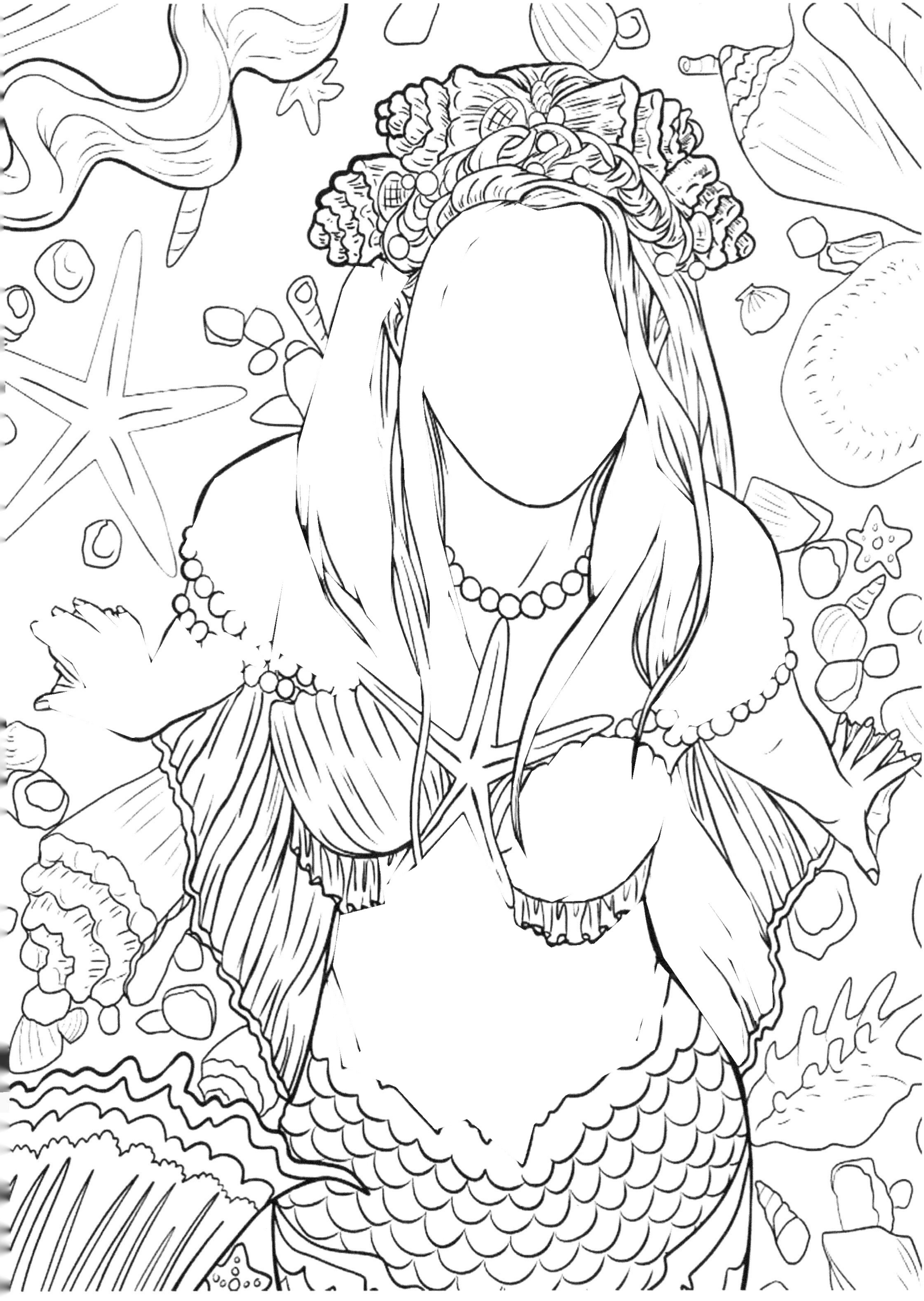

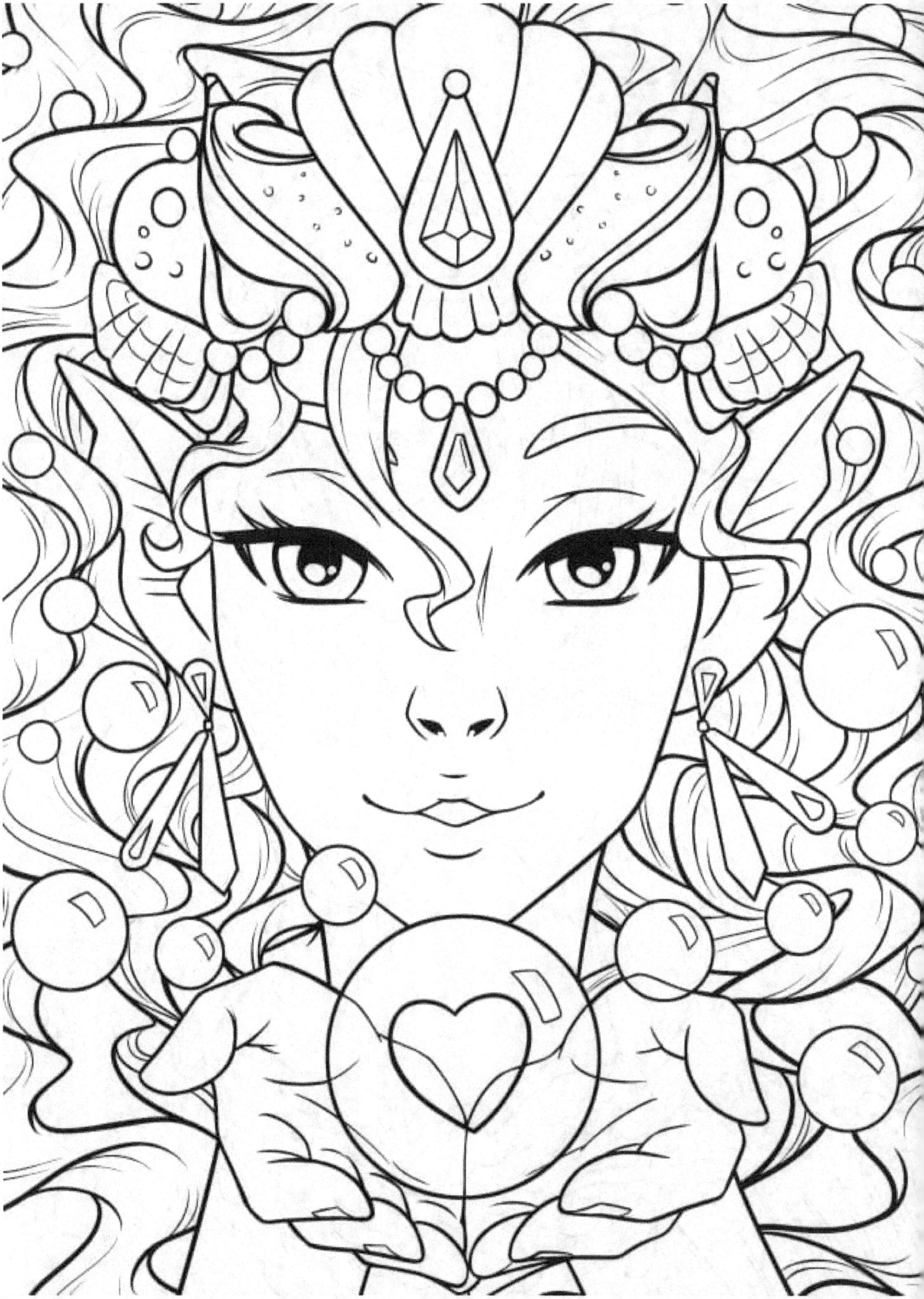

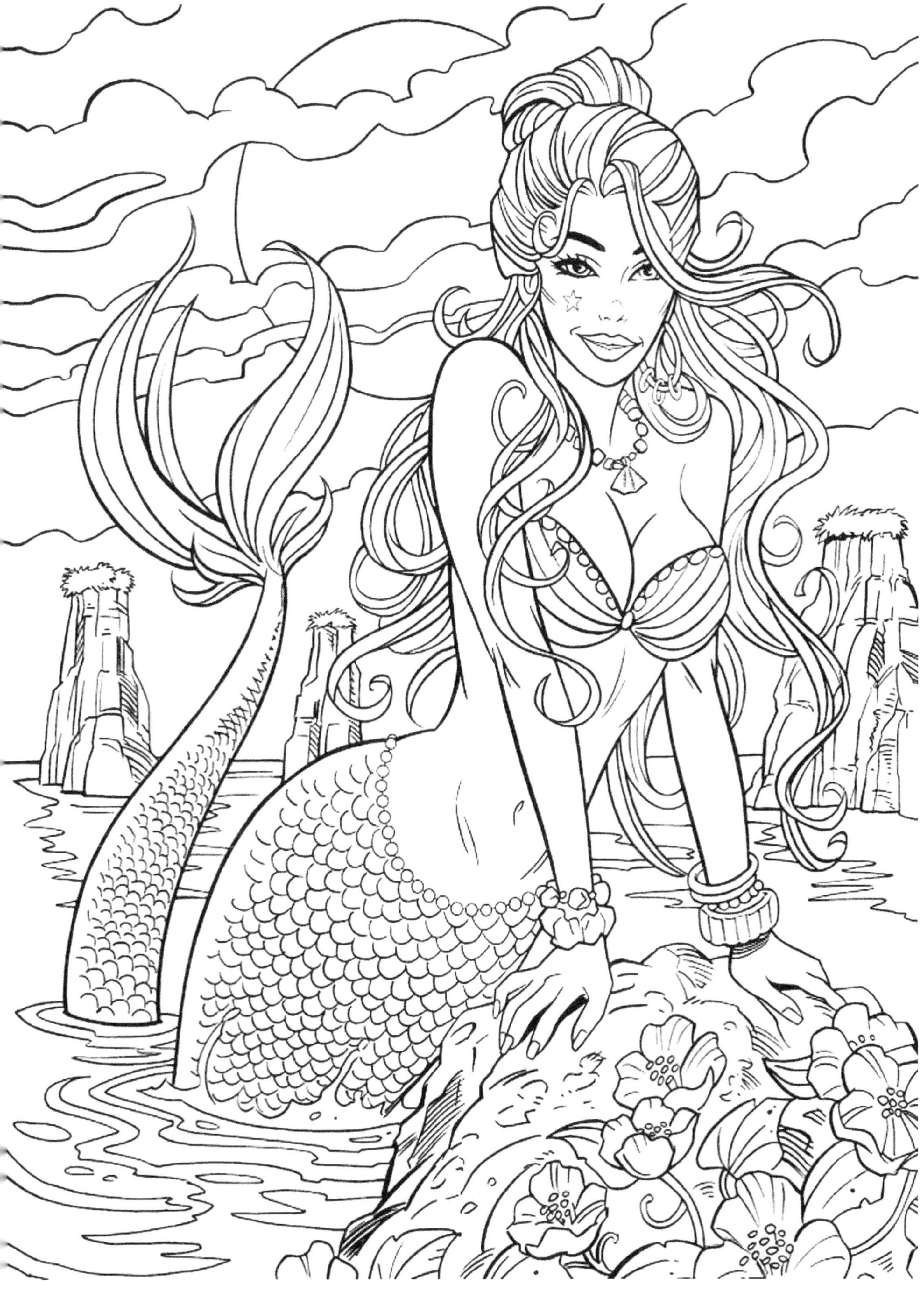

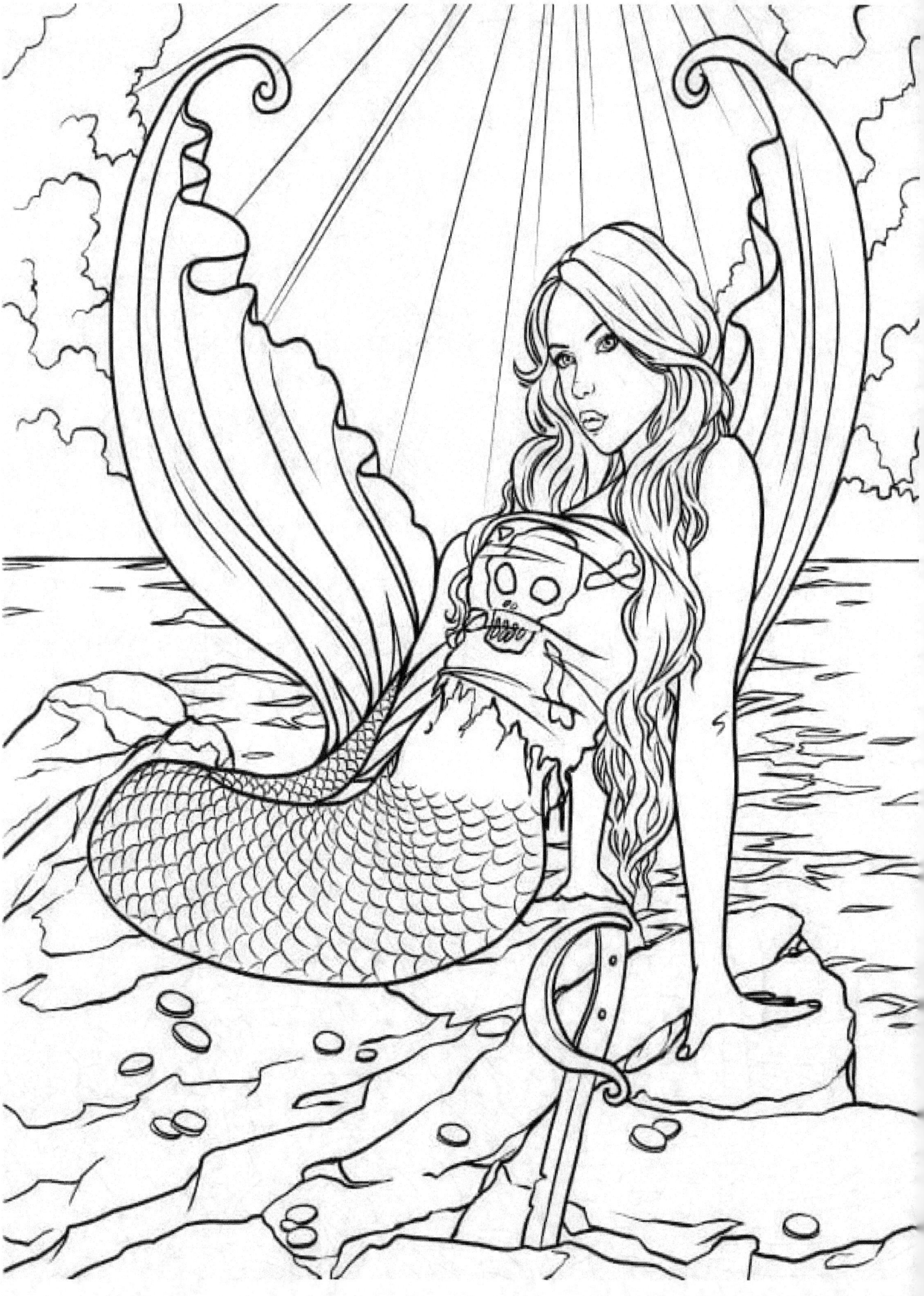

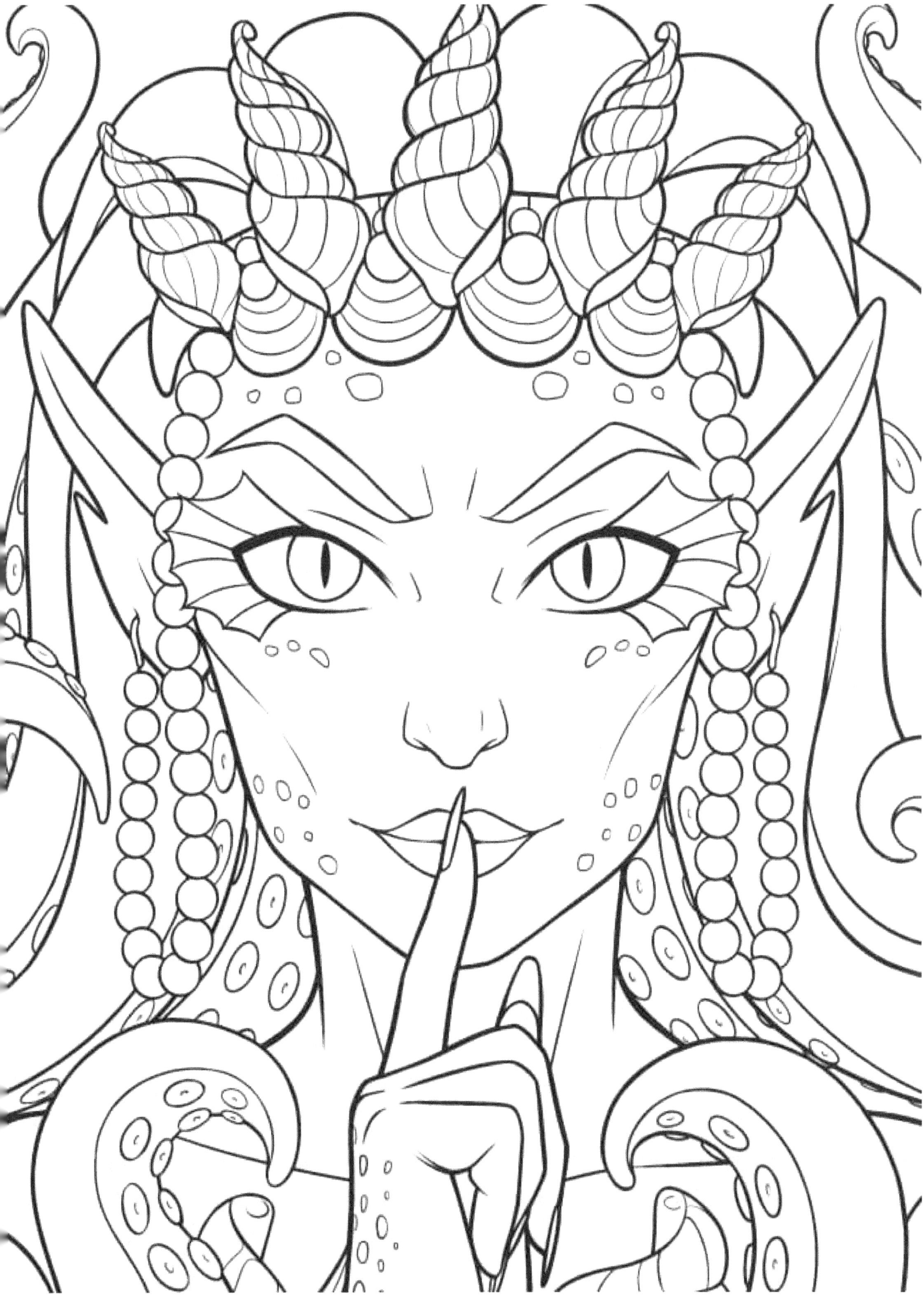

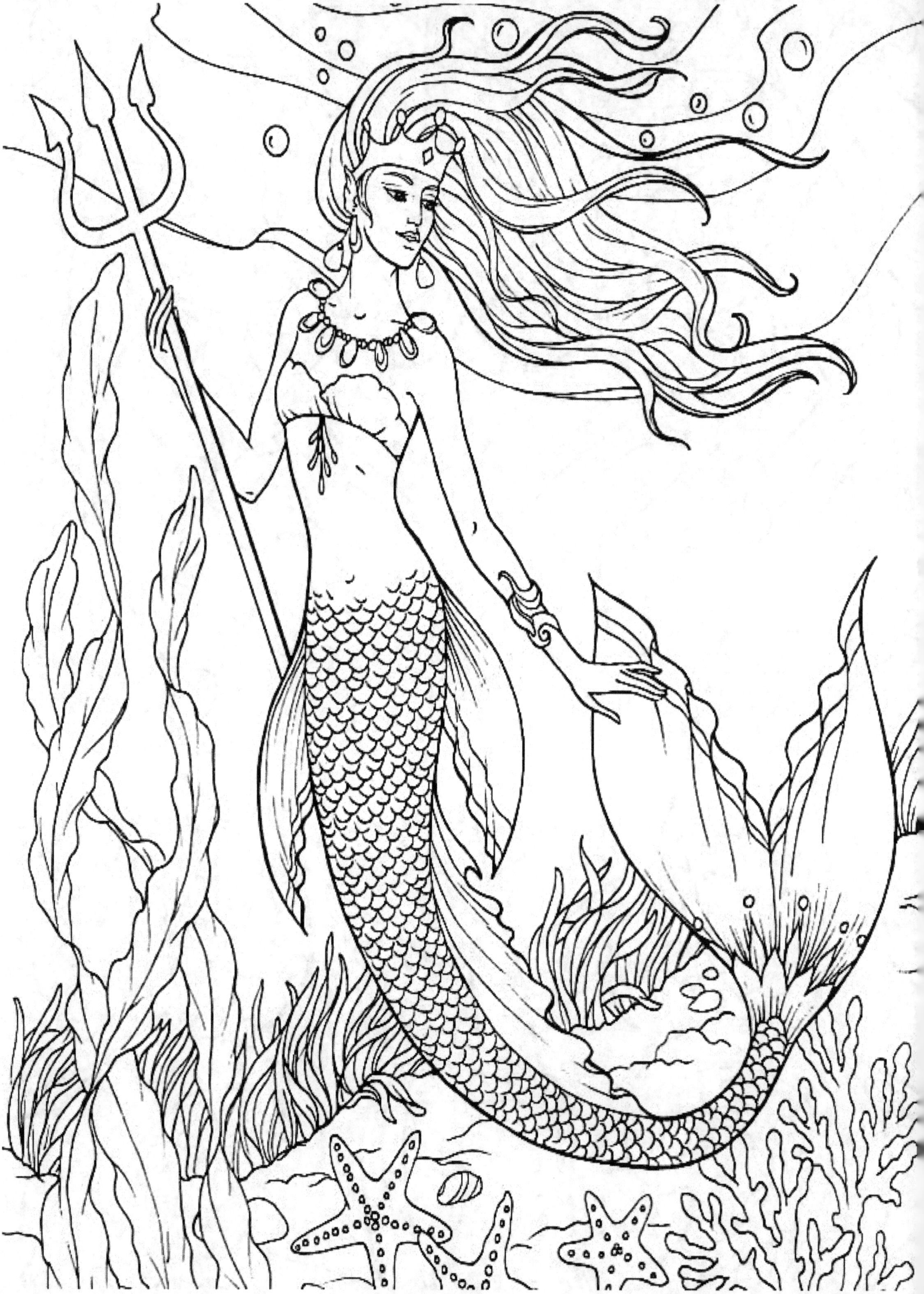

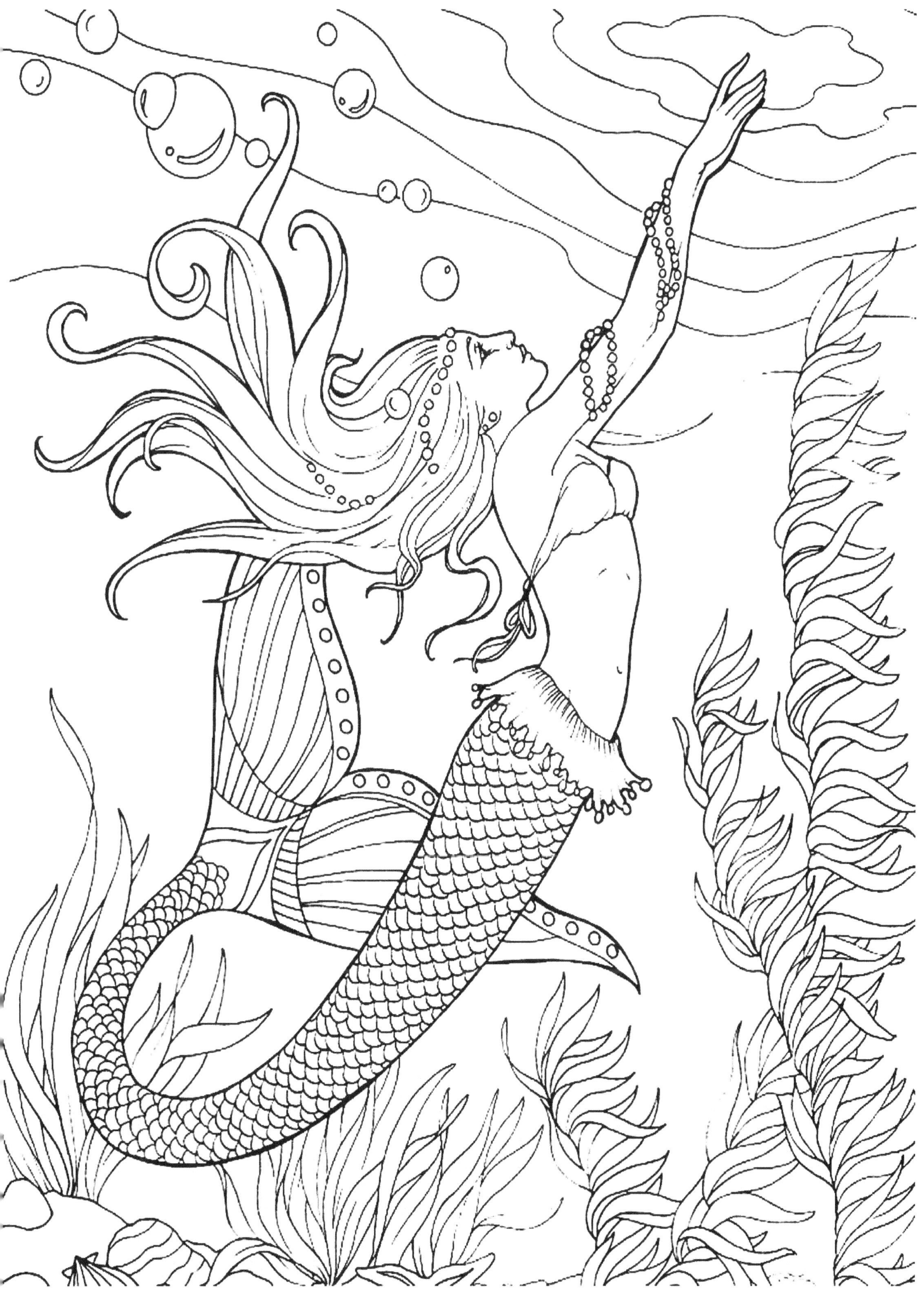

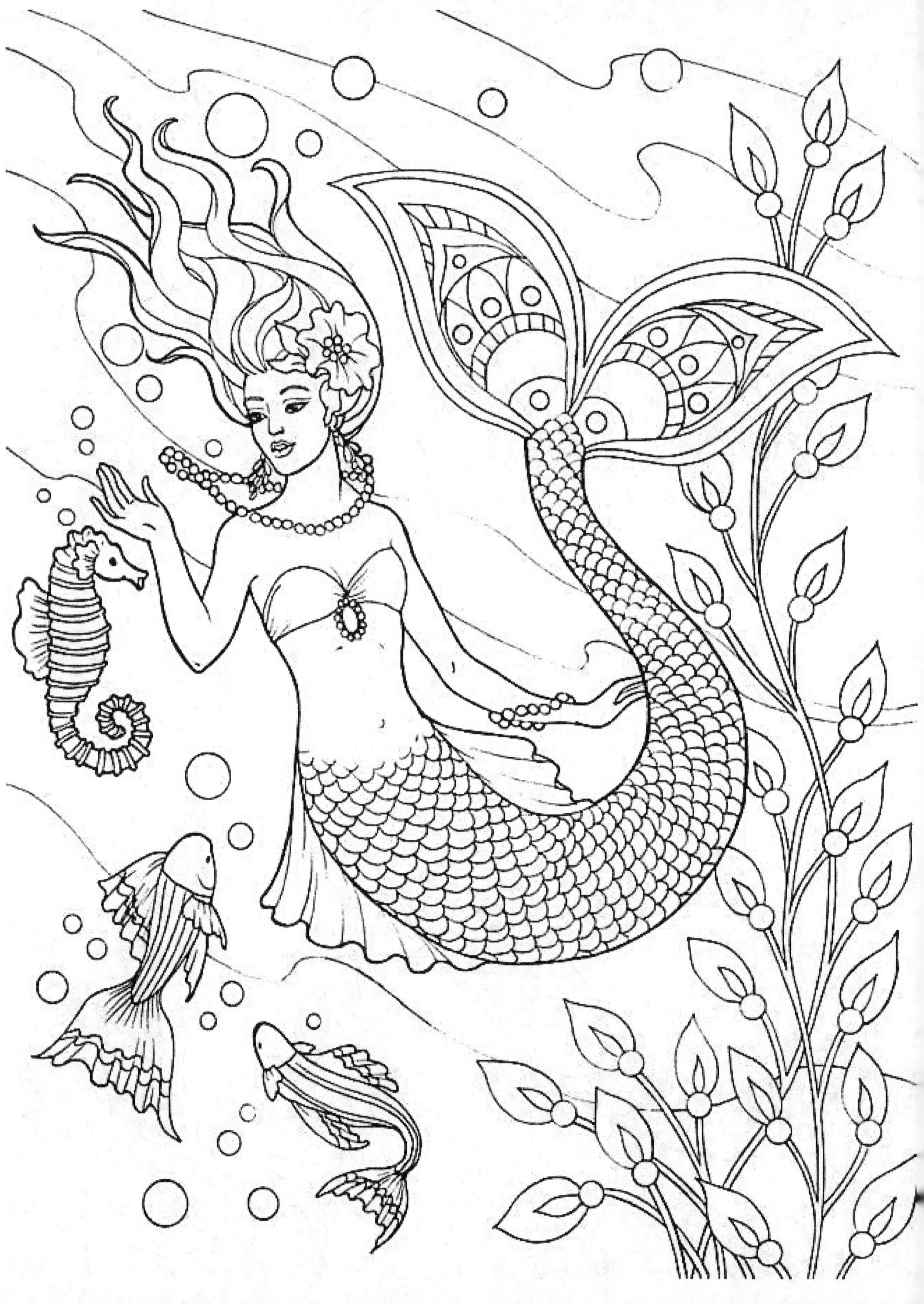

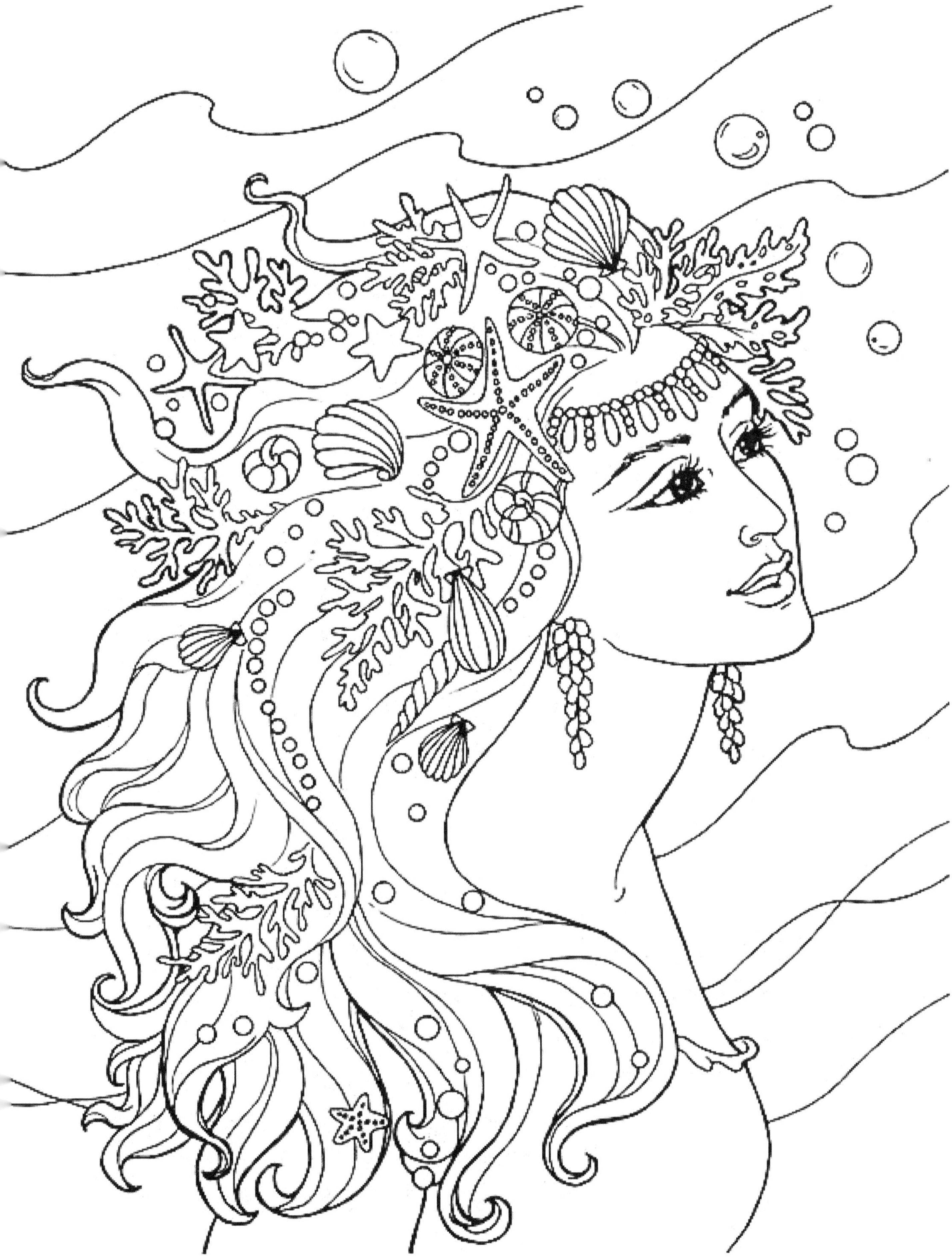

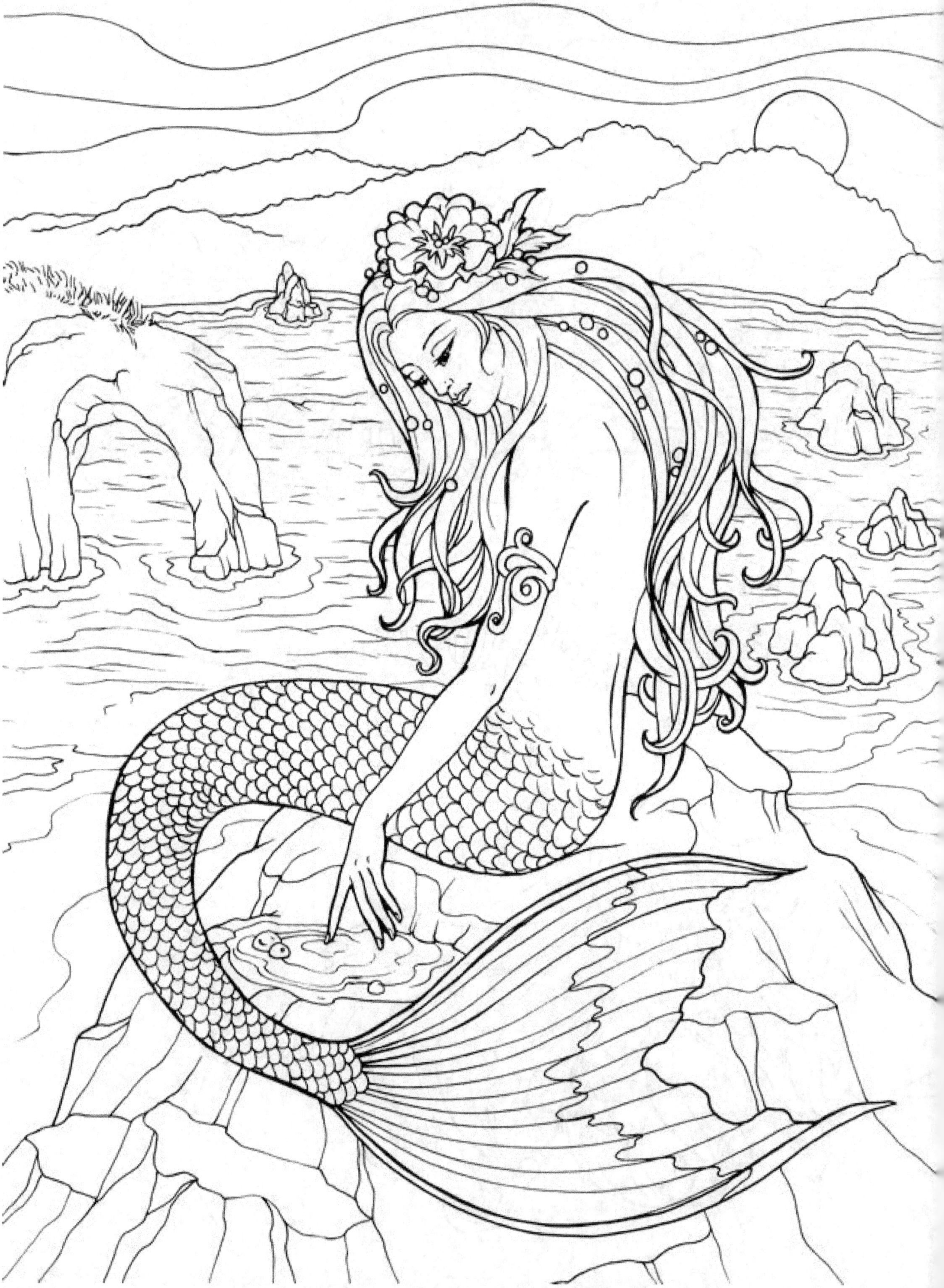

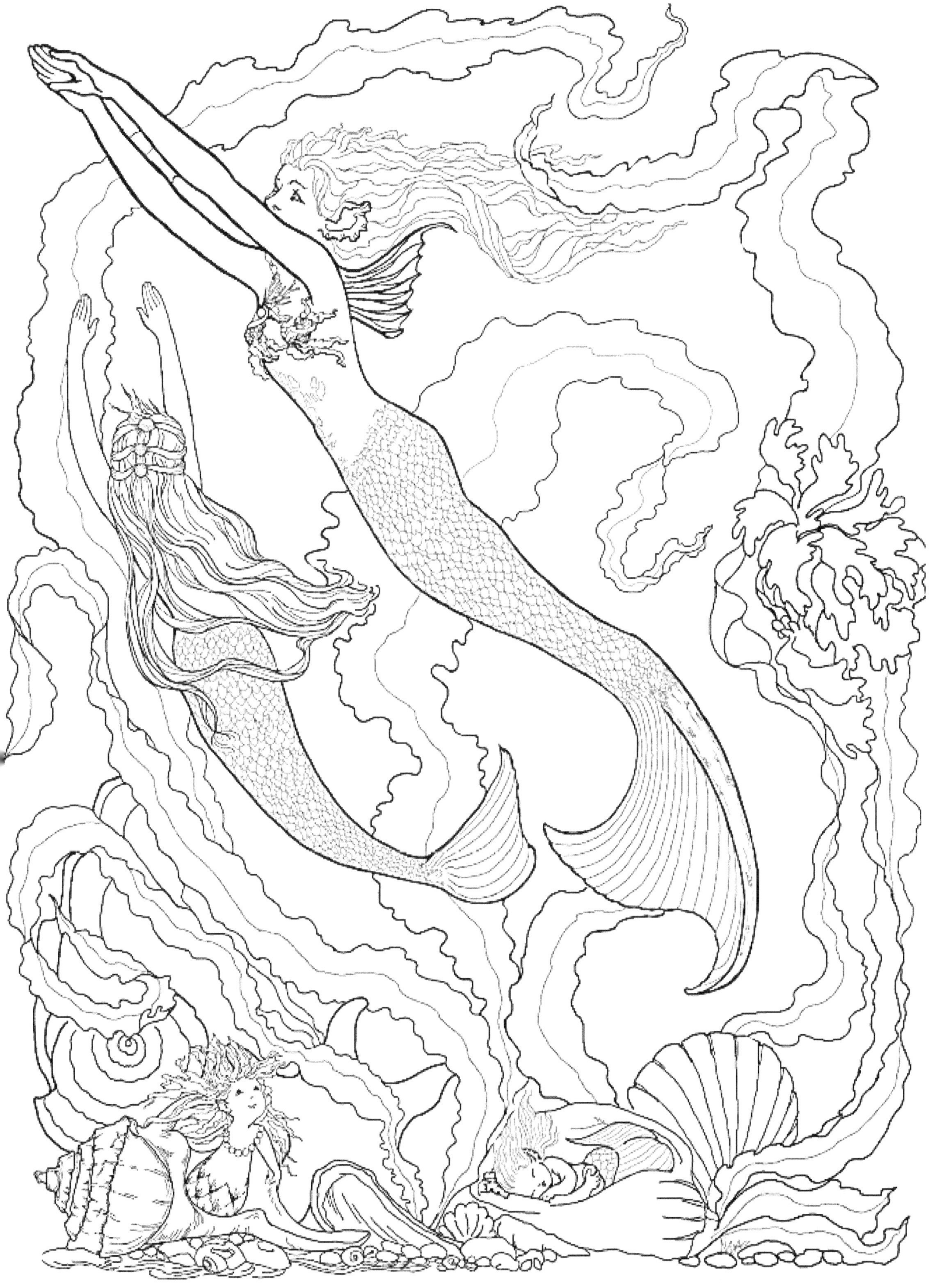

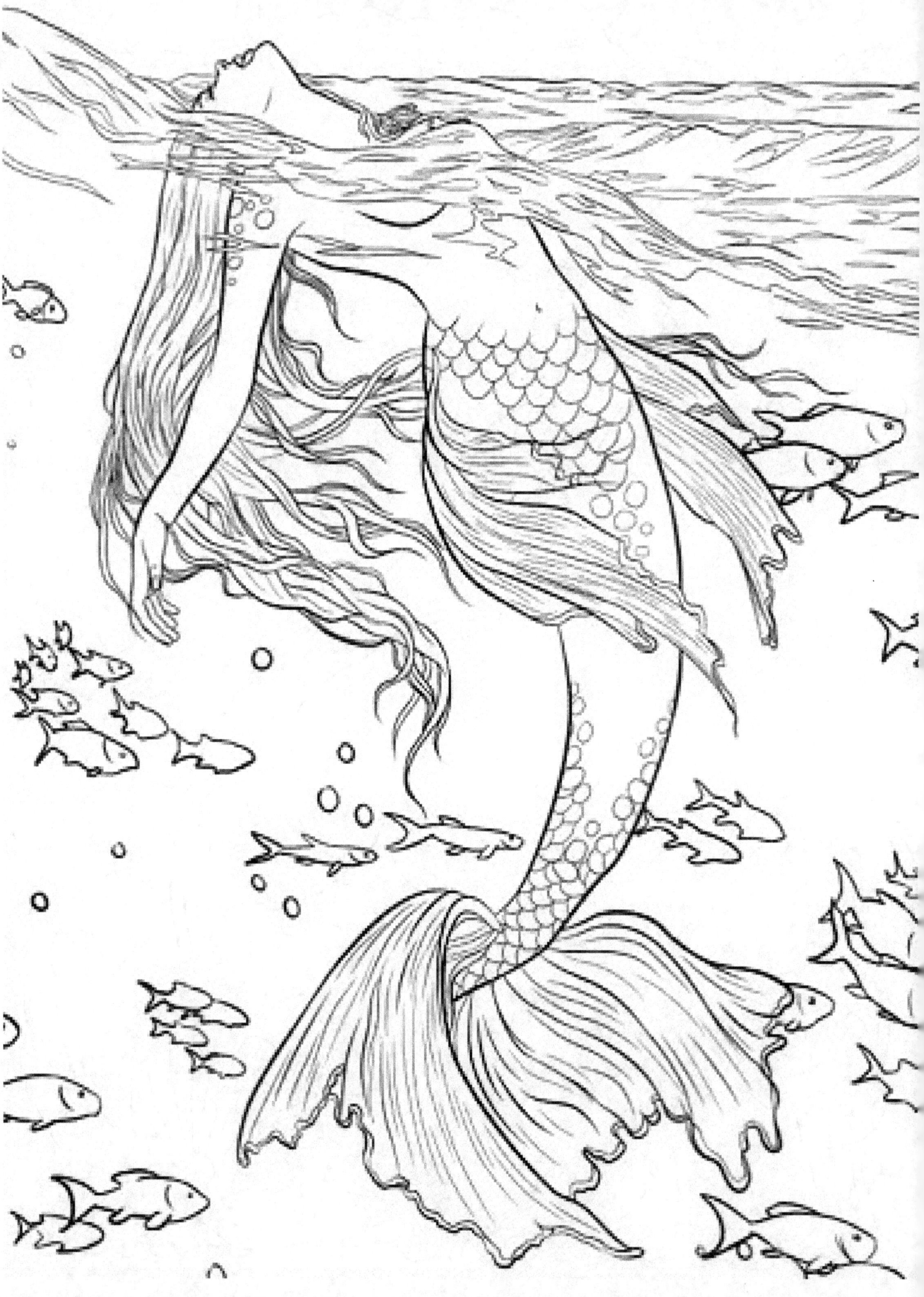

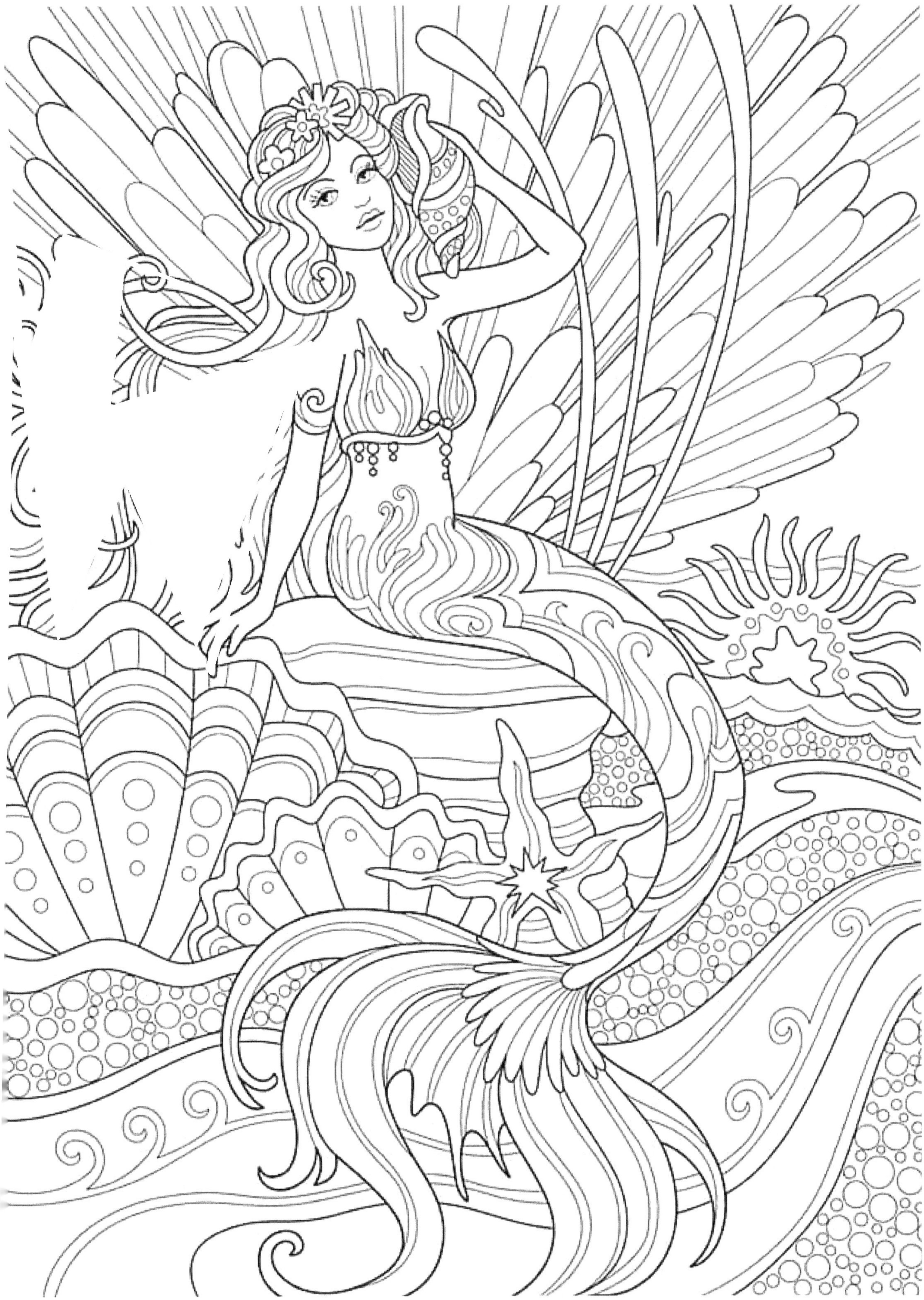

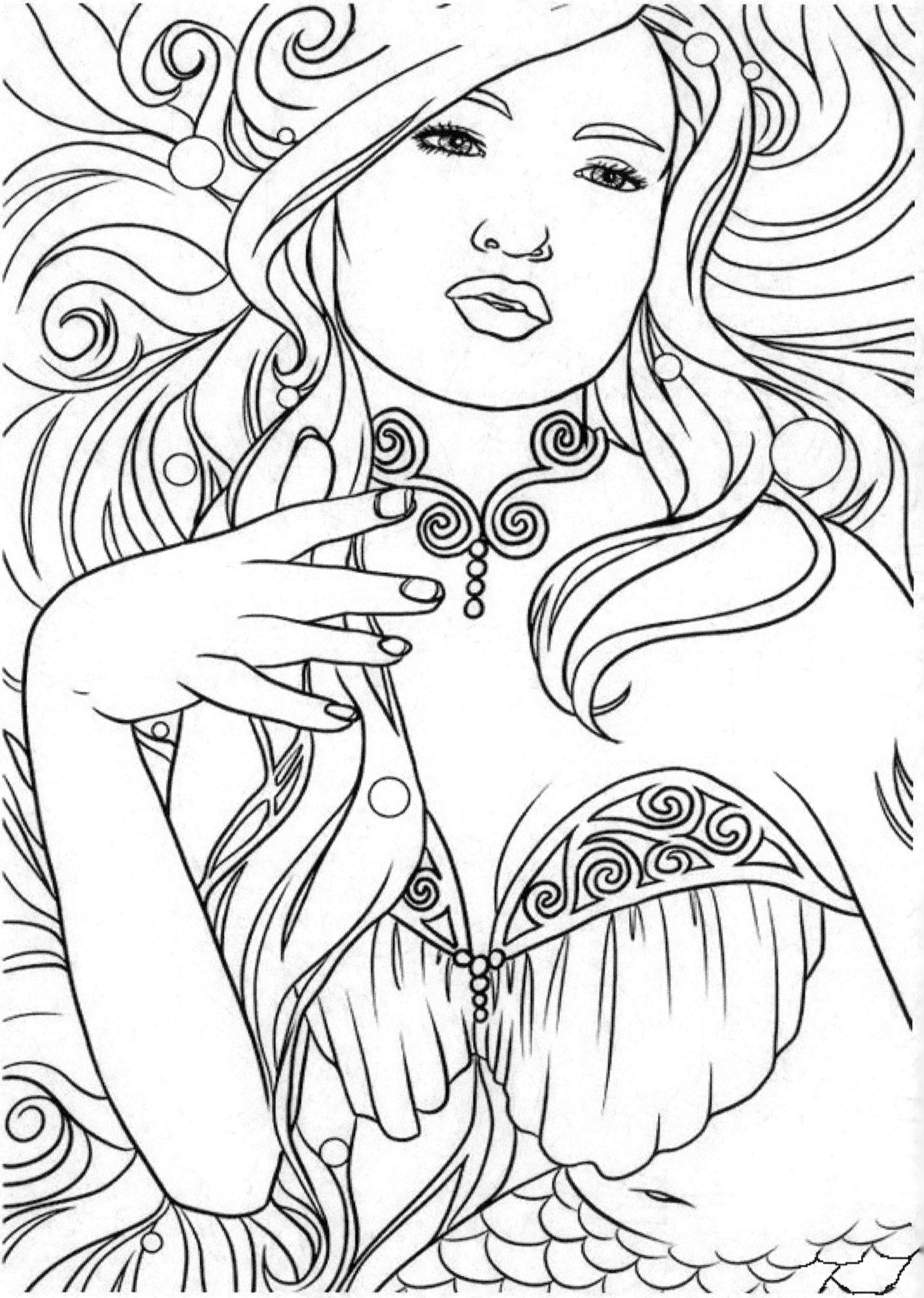

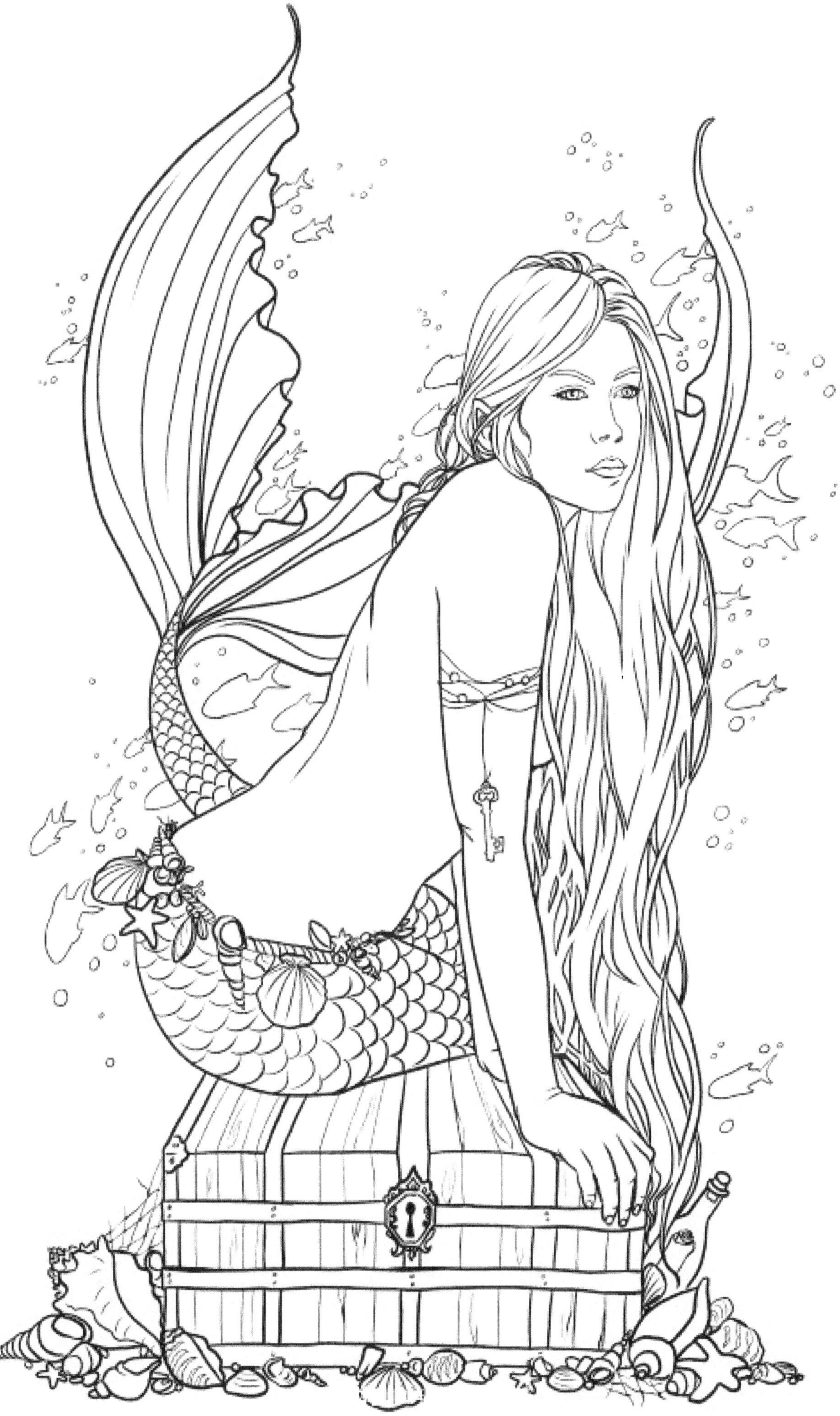

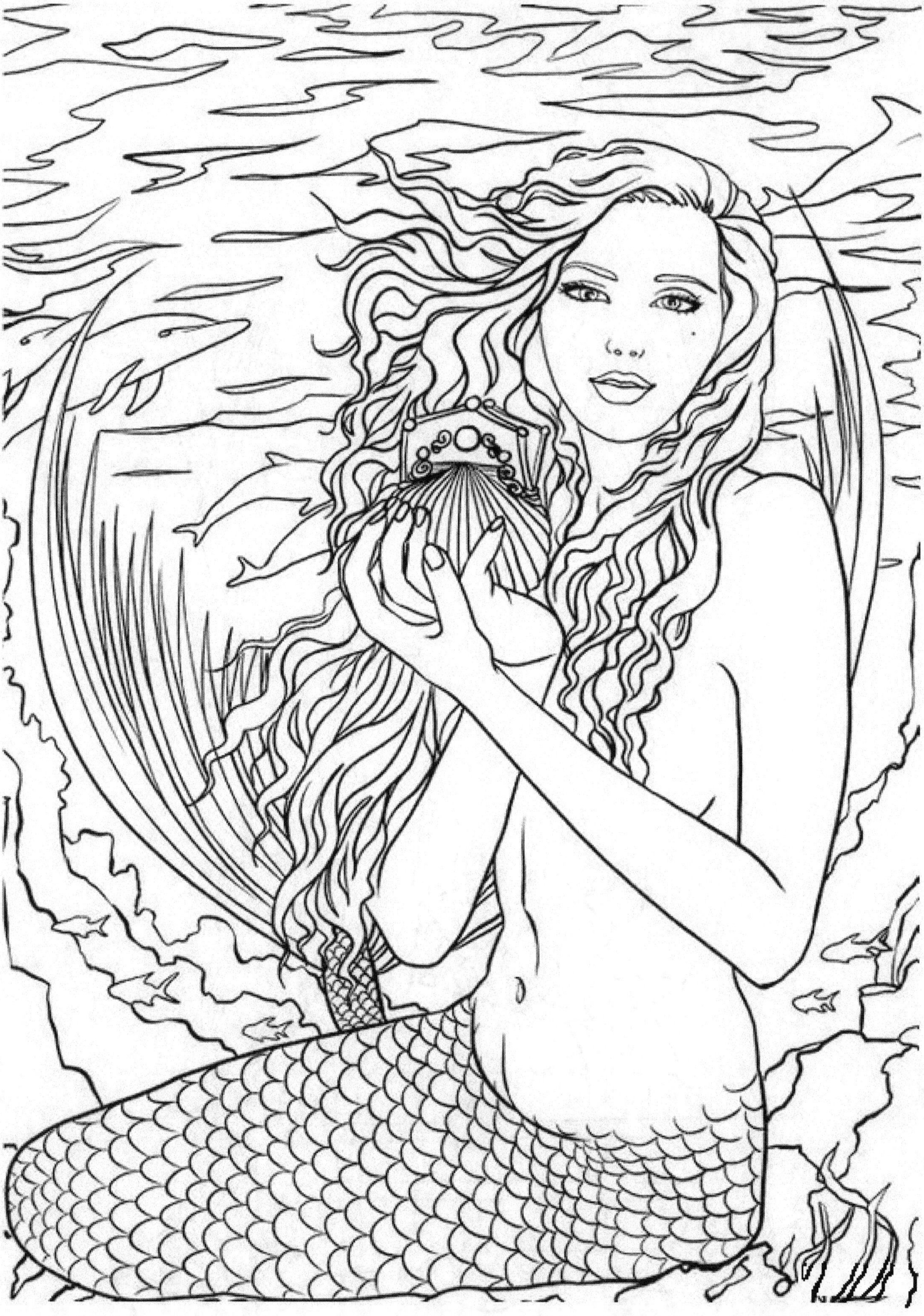

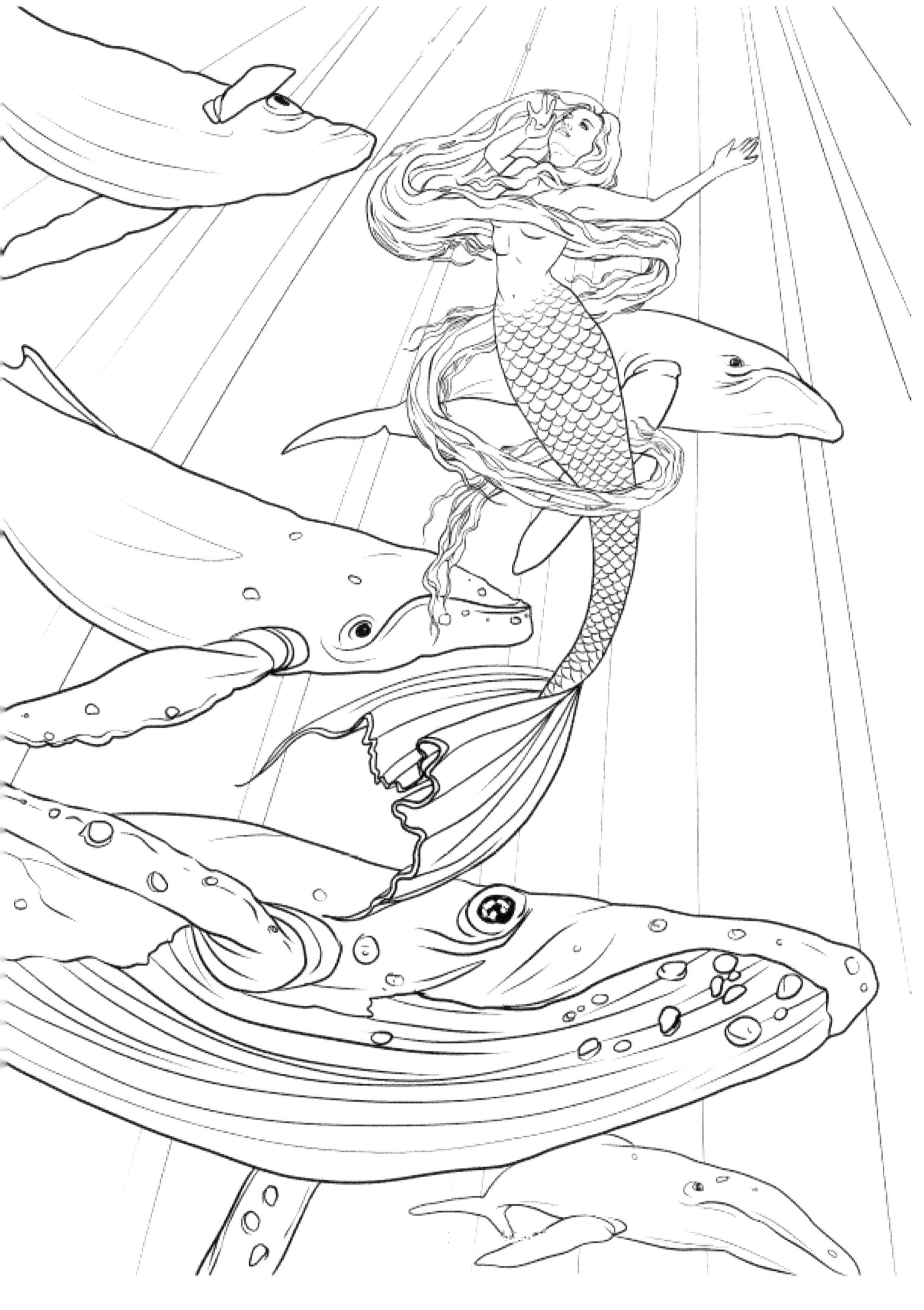

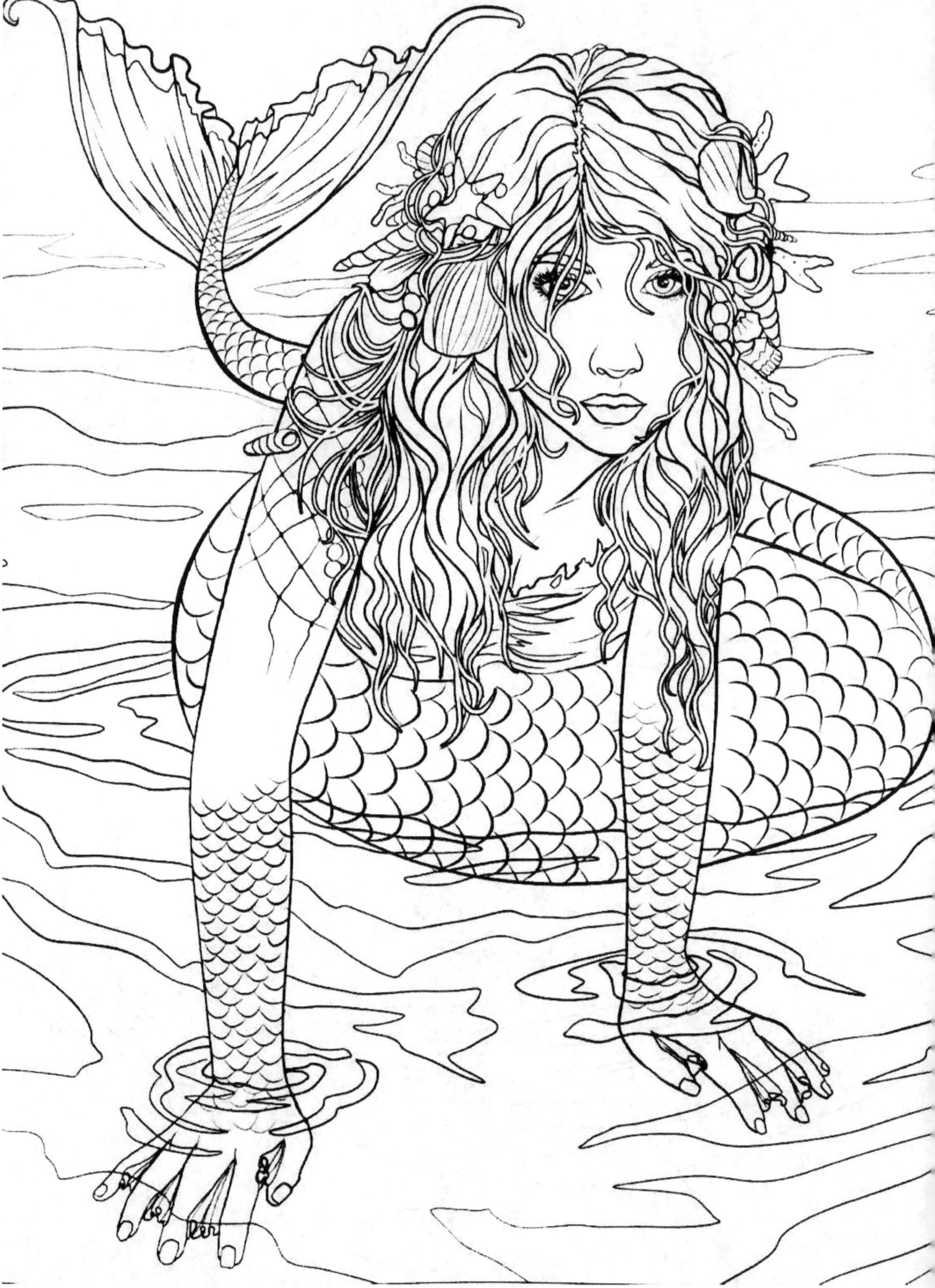

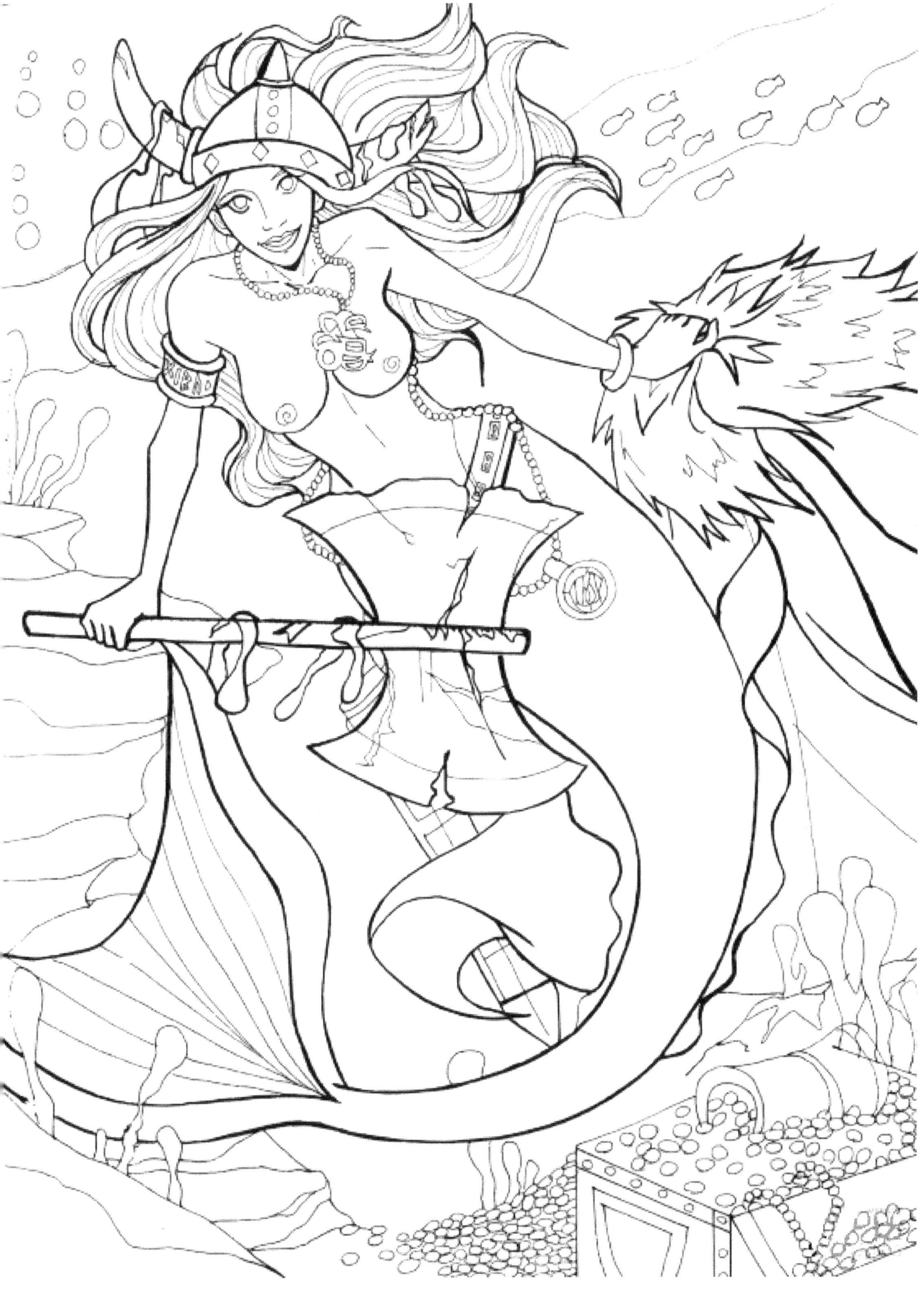

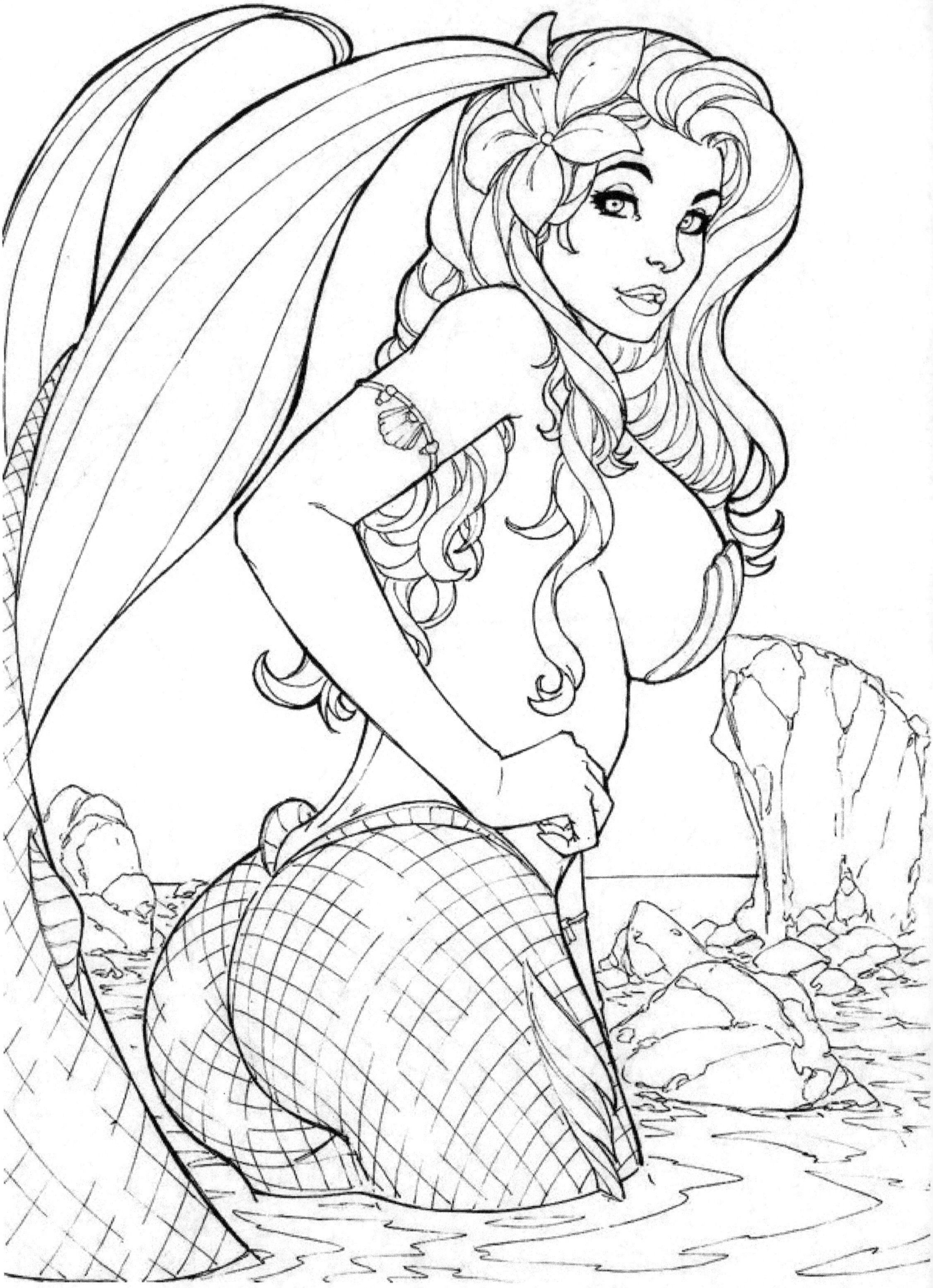

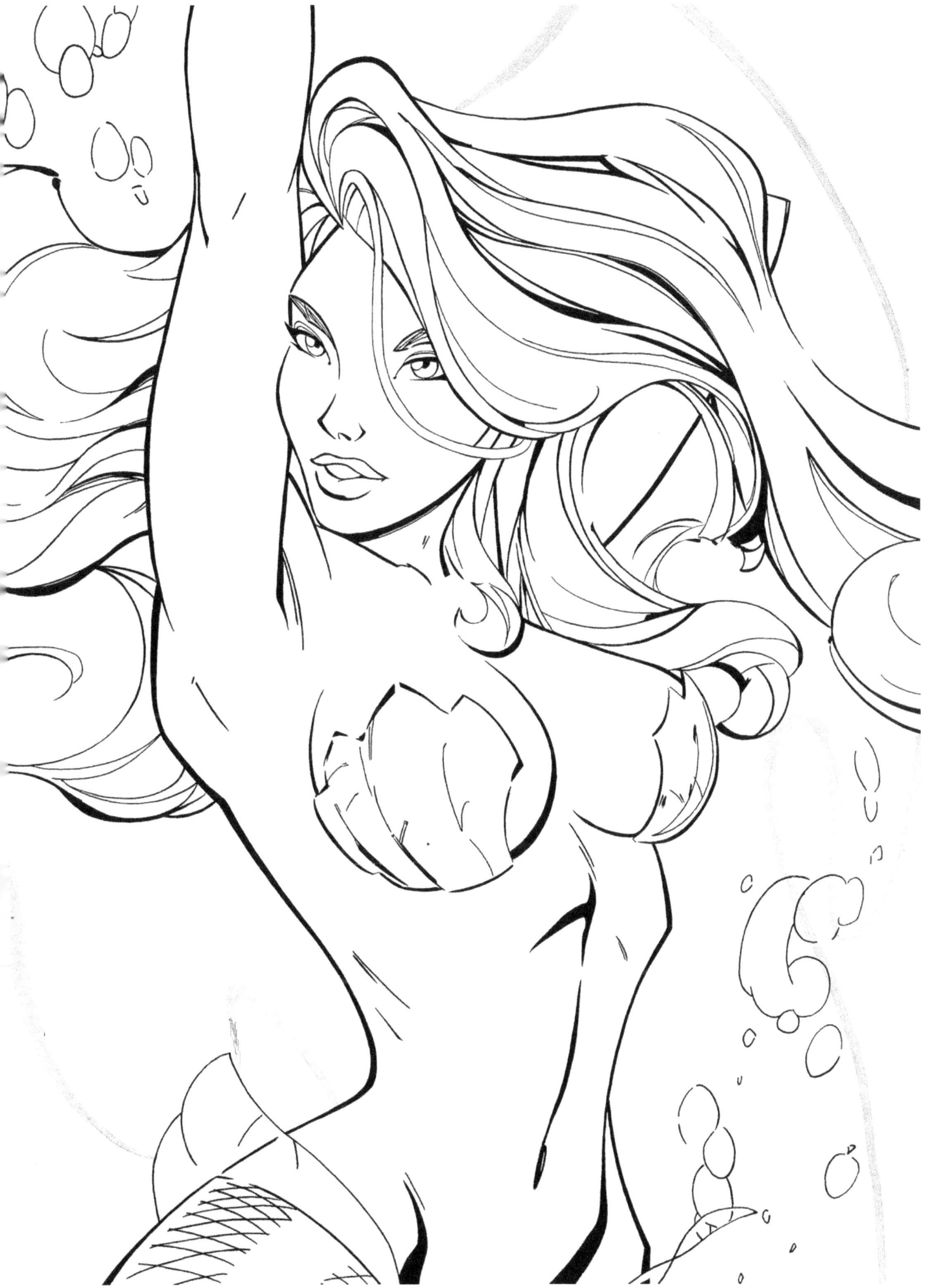

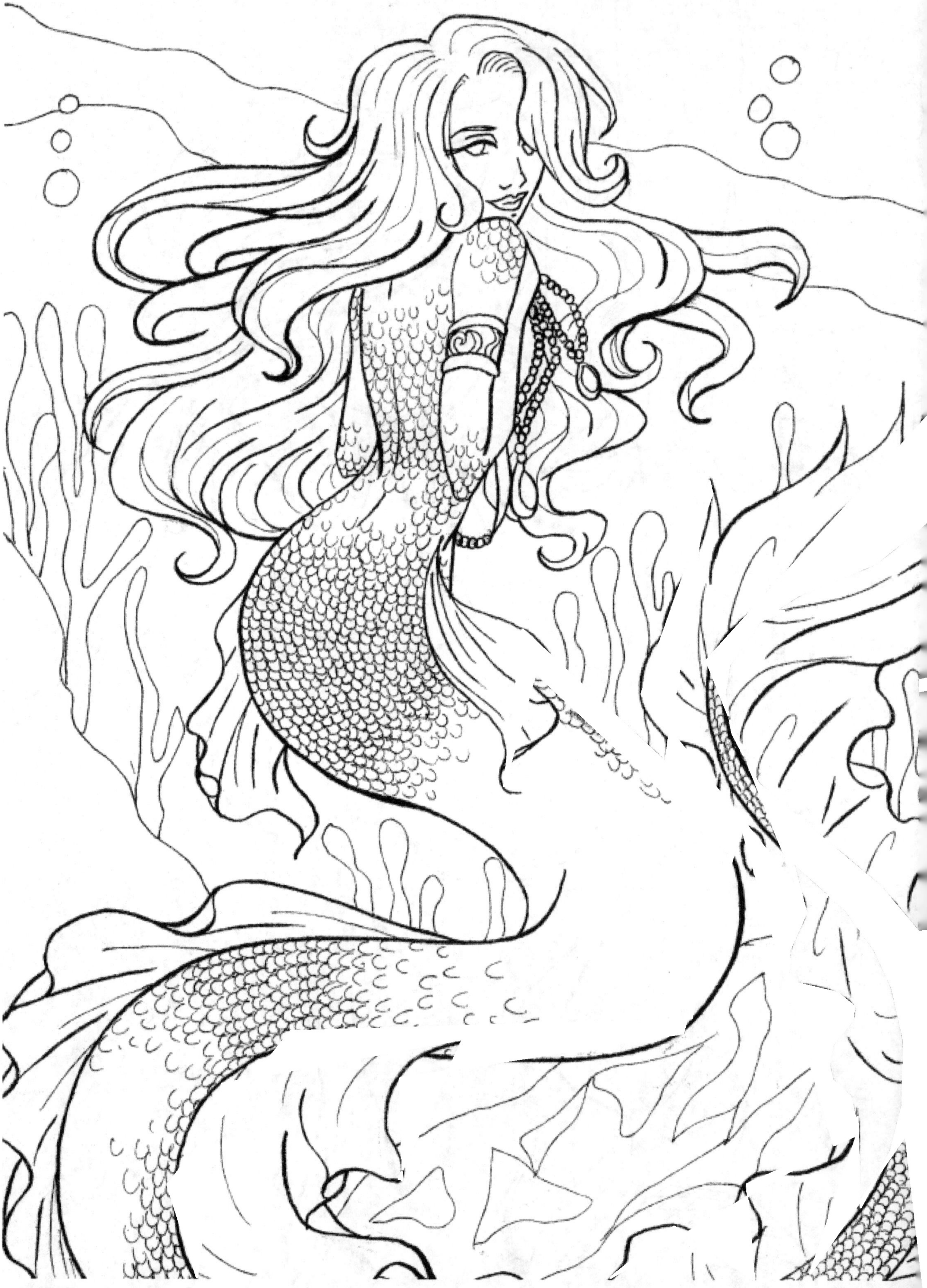

www.ingramcontent.com/pod-product-compliance
Lightning Source LLC
LaVergne TN
LVHW060220080526
838202LV00052B/4315
* 9 7 8 3 7 5 5 1 0 8 9 4 8 *